# 尾張の戦国時代2

信秀から信長へ『信長公記』首巻のウソ・マコト

万松寺の織田信秀の位牌は天文二十年没とし、過去帳には同二十一年とある。太田牛一著『信長公記』首巻は鳴海城主山口左馬助が二十一年に今川方に寝返り、翌二十二年に赤塚の戦いが起きたとする。万松寺の位牌も過去帳も、首巻の記述もみんなウソだった。

これを初めて明らかにしたのが『証義・桶狭間の戦い』の著者尾畑太三氏である。天文十八年に亡くなった信秀は三年間の「秘喪」を遺言、万松寺側も著者の牛一もこれを忠実に守っていた。二十年の葬儀は三回忌の法要だったし、牛一も三年間ずらすのに小細工を労することとなる。

天文十九年に起きた赤塚の戦いは同書にあるような小競り合い程度のものではなかった。別の一隊が左馬助方の諸城を攻撃、山口一族を殲滅させるほどの激戦だった。これには早くも今川義元が動き出す。桶狭間の戦いより、十一年も前のことである。

# も・く・じ

第七章　秀吉の謎、三つに挑む

## 第八章　権謀術数、信長の清須入城

# 第一章　織田信秀、三河で獅子奮迅の働き

# 一、「敏定公の再来」風雲児、織田信秀

## ●信秀の登場と名古屋台地への進出

犬山城主織田信定は勝幡《しょばた》（愛西市・稲沢市）に城を築き、犬山へは子の信康を置いた。勝幡では商業で栄える津島衆の懐柔に努める一方、早々といまだ若い信秀にその座を譲っている。いよいよ信長の父親、信秀の時代がやってきた。

「大和守（注・清須城主織田達勝《たつかつ》）に三奉行あり。織田因幡守《いなばのかみ》・織田藤左衛門・織田弾正忠《だんじょうのちゅう》、此三人諸沙汰奉行人なり。弾正忠と申すは尾張国勝幡と云ふ所に居城なり。西厳《さいがん》・月厳《げつがん》・今の備後守、舎弟与二郎殿・孫三郎殿・四郎二郎殿・右衛門尉とてこれあり。代々武篇《ぶへん》の家なり」（『信長公記』）

「月厳」が信定、「西厳」はその父敏定を指し、「今の備後守」が「桃厳」を称することになる信秀だ。その弟たちに与二郎（信康）、孫三郎（信光）、四郎二郎（信実）、右衛門（信次※）らがいた。「武篇の家なり」とあるように『武功夜話』も信秀を「治郎左衛門（注・敏定）の再来」などとしばしば誉め称えている。

**織田右衛門**
深田城主、後に守山城主となる。深田にいるとき、清須と手を結び信長に対抗（152頁参照）、天正二年、長島一向一揆攻めの最中に討ち死に。

「尾張国海東郡勝幡という処あり。織田弾正忠信秀公、桃厳殿の事。尾張守護代家三家の筆頭大人衆の居城なり。御舎弟は尾州上《かみ》の郡《こおり》木の下（注・犬山市）の御城主織田伯厳（注・信康）なり。何れも御一門、武勇の誉れ高き御仁体なり」（『武功夜話』）

- 敏定（清須城主・楽田城主／尾張ヲ統一・西巌）
  - 信定（犬山城主・勝幡城主／弾正忠・月巌）
    - 信秀（勝幡城主・那古野城主・古渡城主・末森城主／備後守・弾正忠・桃巌）
      - 信広（安祥城主）
      - 信長（那古野城主・清須城主）
      - 信行（末森城主）

信秀の仕える主君は守護代、清須城主の織田達勝である。信秀は家督を継いで間もない天文元年（一五三二）ごろに達勝と争ったが、後に和睦して三奉行の筆頭としてこれを支えることになる。と同時にまた、自らの地盤も着々と固めてゆく。

ちなみに、信秀は正室に〝上司〟である達勝の娘を迎えていた。しかし、後には離縁している。継室に信長・信行の生母土田御前《どたごぜん》、側室に岩倉城主だった敏信の娘などがおり、子供は二十人以上もいた。

「去程に備後殿、古渡の城棄却なされ、末盛と云ふ所山城こしらへ御居城なり」
（『信長公記』）

天文元年、今川氏豊《うじとよ》（義元の弟）の那古野城（中区）を謀略によって奪い取り、同三年には古渡（中区）にも城を築いた。後の天文十七年（一五四八）には末森（千種区）に築城、古渡城から移り住むことになる。従来、信長は那古野城で生まれたとされてきたが、最近の研究では勝幡誕生説が有力になってきた。

信長は勢力を増すにつれ、城を那古野城→清須城→小牧城→岐阜城→安土城と転々と替えた。これも父の戦略を見ならったものと言えるか。当時、一つの所に命を懸ける「一所懸命」の風潮の中にあって、信秀の行動はそれほど積極的であり、また革新的でもあった。

### 信長の姿勢

実力がありながら、信秀は穏健派だった。その点、信長は目的のためには手段を選ばず、のマキュアベリストと言えるか。勝つためには手段を選ばなかった。だからこそ天下が取れたのかもしれない。

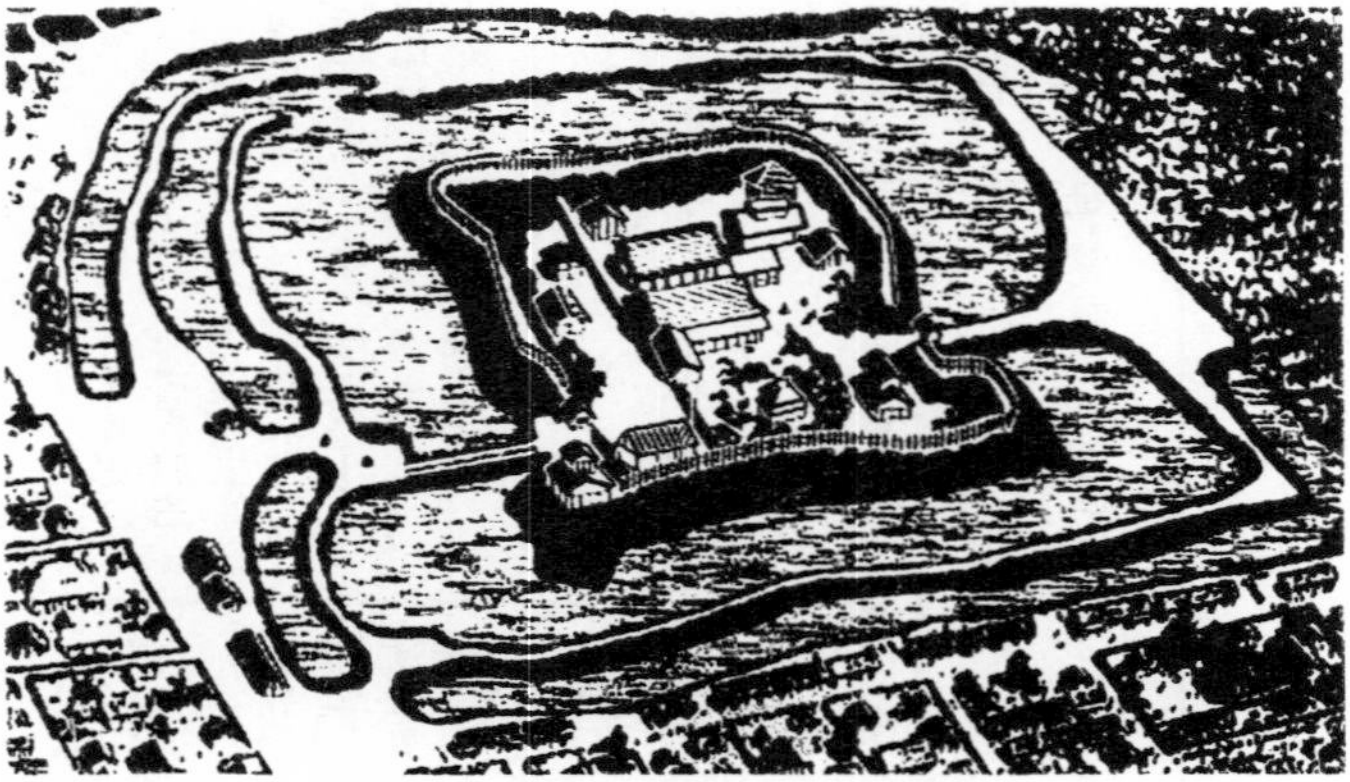

勝幡城の推定図

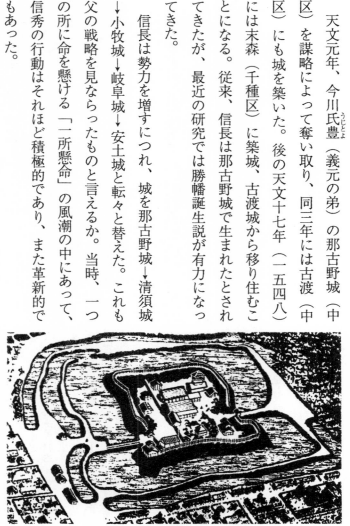

守山城跡に建つ石碑

しかし、実力をつけてきた信秀も、主家を倒してまで、との野望は持たなかったようだ。※守護代、ひいては守護のもとでこれを補佐し、築城するにしても領内ではなく、今川氏の支配地へ進出している。信長は父のこうした穏健な姿勢を、冷ややかな目で見つめていたのかもしれない。

## ●勇将松平清康、守山崩れで自滅

天文四年（一五三五）十二月、この信秀にピンチが訪れた。三河で勢力を伸ばしてきた松平清康（家康の祖父）が信秀の弟信光の守る守山城（守山区）へ攻め込んできた。信光は一戦を交えることもなく逃げ出し、清康はいまにも那古野・清須へ攻めかからんとの意気込みだ。

「この清康公なる大将は豪勇無双、常々陣前に駆け廻り、長遣《ながやり》を自在にあやつり、海道に並びなき勇将にて御座い増る。遂《つい》に積年の宿志を遂げんものと五千の大軍を催《もよお》し、尾州春日井郡岩作《やざこ》（注・長久手市）・品野（注・瀬戸市）より尾州へ乱入、織田の諸取出《とりで》を一挙に踏み破り、破竹の勢にて森山の城へ迫り来たり増る」（『武功夜話』千代女聞書）

ところが、占拠したばかりの夜、守山城内で清康が家臣の阿部弥七郎なる人物に暗殺されるという事件が起きた。一説に、信秀が巧妙に仕組んだワナだった、との見方もある。このハプニングに『武功夜話』千代女聞書は「我等スワ一戦と意気込み候ところ、不思議に存じ候」と書き、事実を知って「寛永の今の世も童《わらわ》の口の端にも上る」と記している。

「世間、守山崩れとあざ笑い、後の世まで語り伝え候なり。三州松平党六千有余騎、旗を巻き主を失い無念の渋面、喪を隠して退陣、哀れを催しけり。

未だ大望尽きざる思い、陣中に骸骨《がいこつ》をさらす朝露の命、これ武門の習い。鑓下《やりした》に果てるは武者道の本義たれば、家人のためいわれなく落命、言様《いいよう》なし。

不運、開運は天のなせる業なり。尾張累卵《るいらん》の危うき

安城市歴史博物館蔵

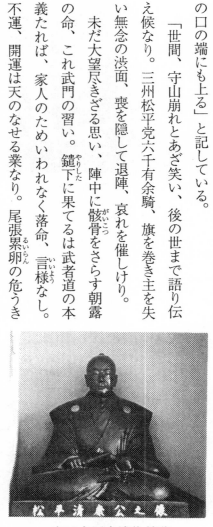

ところ、一難去り申し御目出度き儀、御酒を下し給うなり」（『武功夜話』）

事件のあった日は強い西風が砂塵を巻き上げ、粉雪さえもちらついていた、とある。守山崩れで若き大将（当時、二十五歳）を失い、三河では混乱が続いた。清康に期待していただけに守山崩れの衝撃は大きく、後に大久保彦左衛門はその著『三河物語』で「清康、三十の御年まで御命ながらえさせ給ふならば、天下はたやすく治め給はんに」と嘆くのだった。

清康の子の広忠（家康の父）は家臣の松平信定によって岡崎城から追放され、伊勢・三河・遠州を転々とすることになる。危機を逃れた信秀はこのときとばかり、年が明けるとともに三河へ打って出た。達勝に臣従しているものの実権は信秀の手中にあり、内外の諸問題に獅子奮迅の働きをすることになる。

## 二、松平広忠〝漂流〟守山崩れ後の三河

### ●三河からのぞき見る守山崩れとその後

主を失った岡崎城は一族の桜井松平家の当主、松平信定に乗っ取られ、やがて

広忠の殺害までが企てられるようになってゆく。信定は信秀の妹を正室に迎え、娘を守山城主の信光に嫁がせている〝隠れ信秀派〟。身に危険の迫った広忠は家臣の阿部定吉に守られて各地を流転することになるが、この定吉こそが守山崩れの伏線となった人物である。

守山の陣中で定吉謀叛のうわさが信定がらみでまことしやかに流れた（信定は病気と称し、このとき参陣していない）。定吉にその意志はまったくなかったが、これは信秀が仕組んだ巧妙な謀略との説もある。定吉は子の弥七郎を呼び「万が一、自分が討たれるようなことがあれば、身の潔白を証明してほしい」と起請文※を添えて頼んだ。

翌五日の早朝、清康の陣屋で馬が暴れ出す騒ぎが起きた。弥七郎は「早く木戸を閉めよ」「逃すな、逃すな」と言う清康の声を寝耳に聞いた。てっきり父が殺害されたと勘違いし、

**起請文**

約束を取り交わす際、神仏に誓って書く文書。それには特にカラスの形で書かれた熊野三社発行の誓紙が用いられた。左は熊野大社本宮の誓紙。

葬儀が営まれた大樹寺

### 植村新六郎

名は栄安。このとき阿部弥七郎を討ち取ったが、天文十八年、清康の子広忠が近臣の岩松八弥に殺されたときにも八弥を討ち取ったという。その後、家康に仕えて故郷の本郷城主となり、そこには「植村栄安の生誕地」碑が建てられている。

清康を背後から斬り付けたのだった。

「御うしろより只一打に切《キリ》奉り、右の肩先より左の脇《ワキ》の番《ツガヒ》迄切付ければ、鬼神《キシン》を欺く英将もあえなく二つに成って倒《タフ》れ給ふ。植村新六郎※此時十六歳、御刀を持て御側《オソバ》にあり、忽に其御刀の鞘《サヤ》を放《ハツ》し、弥七郎を切伏《キリフ》せたり。其外御家人等あえなき君の御最期《ゴサイゴ》に茫然《バウゼン》として落涙するより外なし。其中にあまりの腹立に弥七郎の遺骸《シガイ》をぞ尿溜《クソガメ》に踏込《フミコ》みしとぞ」（『三河後風土記』）

清康の遺骸は岡崎近くの菅生丸山《すごうまるやま》（岡崎市丸山町）で荼毘《だび》に付され、葬儀は大樹寺八世宝誉和尚を導師にして営まれた。これより先、弥七郎の父定吉は責任を取って自害しようとしていた。しかし、後ほど謀叛の事実はなかったことが判明し、許されて広忠に尽くすことになってゆく。

「各《オノオノ》集りて大蔵（注・定吉）をば擒《トリコ》とし、弥七郎が死骸《シガイ》を実検するに、其懐中より大蔵が陳状と起証文ありしを取出し、大蔵を糺問《キウモン》す。大蔵始終《シジウ》の子細詳《ツマビラカ》に語り、愚昧《グマイ》の弥七郎大逆無道《ダイギャクブドウ》の重罪を犯《ヲカ》す。其父として暫時《シバシ》も罪を逃《ノガ》るべきにあらず。早々首を刎《ハネ》らるべしと申切って居たり。各評議《オノオノヒヤウギ》しけるは此趣《オモムキ》にては弥七郎こそ君を弑《シイ》する大罪人成れども、大蔵に於ては罪なきに似《ニ》たり」（同）

## ●阿部定吉、再起願って忠広を守り切る

定吉は無実を認められ、前にも増して忠勤に励んだ。岡崎城には信定が居座り、広忠はないがしろにされたまま。それどころか殺害されかねないことを知り、広忠を連れて密かに岡崎の城を抜け出した。

「忰《セガレ》めこそ狂気して弑逆《シイギャク》の罪をつくりたれ、定吉は身命《シンメイ》を捨て忠義を尽《ツク》すべしと、或夜ひそかに仙千代（注・広忠）を伴《トモナ》ひて岡崎を逃《ノガ》れ出て、勢州神戸《カンベ》※へ赴き、清康君の御妹聟《オイモトムコ》東条右兵衛督《ウヒャウエノカミ》持広《モチヒロ》を頼み、彼方に月日をおくりける」（同）

かつて三河吉良氏は「御所（将軍家）が絶えれば吉良が継ぎ、吉良が絶えれば今川が継ぐ」（『今川記』）とまで言われた足利一門の名家。戦国時代に入りその力は衰えていたとはいえ、威光はまだそれなりに残されていた。新興の松平家は吉良の権威に頼ることも多く、清康の妹は東城吉良の持広に嫁いでいる。

岡崎の城主となるべき忠広も、いまは哀れに流浪の身。時節を待ち本望を遂げようとするも、頼みにしていた持広が亡くなった。後継の吉良義安※は信秀に内通し、広忠を捕らえて信秀方へ渡そうとしている。

これを知った定吉は忠広とともに神戸を抜け出し、伝手を頼って三河長篠の郷

**神戸**　鈴鹿市神戸。伊勢には国司で後に大名化した北畠氏がおり、神戸城もその支配下の一つだった。吉良氏との縁で庇護されることになったのだろう。

**吉良義安**
西条吉良の出身で、養子して東条吉良の当主にもなる。攻勢を強める信秀に加担し、今川に攻められた。側室の一人に尾張の守護斯波義統（よしむね）の女がおり、後に清須へ来て食客となった。桶狭間の戦いで一役演じることになる。170頁参照。

民の家に隠れた。その上で定吉は独り抜け出して駿河へ出向き、義元に岡崎へ復帰できるよう頼み込んだ。忠広もその後を追うようにして駿河へ行き、義元の特別の計らいで幡豆郡の牟呂城《むろじょう》（注・西尾市室町）に入ることになった。

「三州牟呂の城は年頃今川家の持城《モチジロ》なるを広忠君へ進らせて、かの城に移《ウツ》し、追々岡崎をも攻取らしめんと、御家人はいふ迄《マデ》もなし、東三河与力《ヨリキ》の国士大勢添《ソ》へて、君を牟呂の城へぞ遷し参らせける」（同）

「天文六年丁酉《ヒノトトリ》広忠君は三河国牟呂城《ムロジャウ》にて新陽（注・新春）を迎給《ムカヘタマ》へば、岡崎よりも御譜代衆《ゴフダイシフ》忍び忍びに参り仕へける（中略）我々累代《ルイダイ》の主君を捨て、無道《ブドウ》の内膳（注・信定）に帰順《キジュン》する道理有るべきやと相談す。其時大原左近右衛門申しけるは、譜代《フダイ》の主君を補佐《ホサ》し無道の逆臣《ギャクシン》を誅せんに、いかでか神の咎《トガ》あるべき。今更に疑べきにあらずといへば、皆尤《モットモ》と同心す」（同）

こうしてかつての家臣らの支援により、信定勢を追い出し岡崎城へ迎え入れられた。天文十年には正室に緒川《おがわ》城主で刈谷にも城を持つ水野忠政の娘於大《おだい》を妻とした。竹千代（家康）の生まれた後に離縁することになるが、これは忠政の死後（天文十二年）、跡を継いだ信元が信秀側に回ったためである。

天文十六年、広忠は竹千代を駿河へ人質として送ることになったが、その道中、田原城の戸田康光に奪われて信秀のもとに送られた。信秀は竹千代を返すのと引き替えに帰順を迫った。しかし、忠広は義元の恩義に背くことなく、「竹千代はいかようにも」とこれをきっぱりと拒絶している。

広忠は偉大な清康と子の家康との間に挟まれて影が薄い。三河は依然として混乱の中にあり、義元に頼るしか手立てはなかったが、その義元に忠誠を尽くしたのが竹千代を取り戻すことにも繋がっていった。広忠は苦難の道を歩みながらも、清康―広忠―家康と続いた松平三代の中継ぎ役を立派に果たし、清康に賭けられた天下取りの夢を子の家康に託すことになる。

## 三、信秀の安祥進出と小豆坂の戦い

### ●安祥城を奪取、長男の信広を城代に

天文四年（一五三五）、守山崩れで松平清康を失い、岡崎城は一族の松平信定によって奪い取られた。清康の子広忠は各地を転々とする身となり、三河では混乱

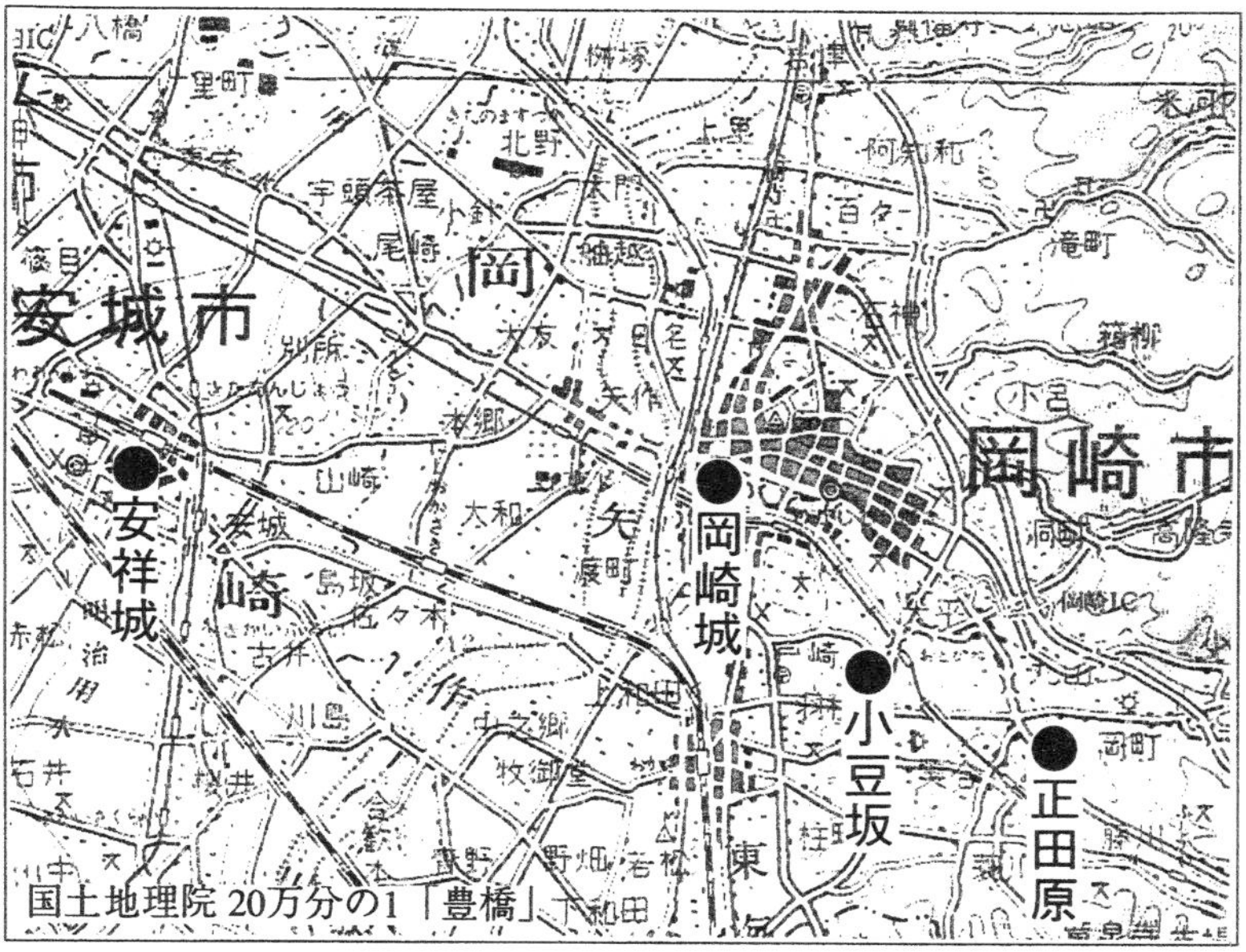

国土地理院 20万分の1「豊橋」

が続く。織田信秀にとってはまたとないチャンスが巡ってきた。

同九年、信秀は三河への攻撃を本格化させた。その目標とされたのが安祥城（安城市）である。この城は矢作川の手前、右岸側にあり、川を挟んだ向こう側に岡崎城があった。

このときの争奪戦で信秀側が勝利し、城代として長男の信広を入れた。三河勢にとってはのど元に刃《やいば》を突き付けられたも同然で、返り咲いた広忠は今川義元の加勢を得てしばしば奪還に挑んだ。その過程で起きた合戦が天文十一年（一五四二）八月の小豆坂《あずきざか》の戦いだった。

「八月上旬、駿河衆三川の国正田原（注・岡崎市岡町作岡）へ取出《とりだ》し、七段に人数《にんじゅ》を備へ候。其折節《おりふし》、三川の内あん城と云ふ城、織田備後守（注・信秀）

水野氏の重要拠点の一つだった安祥城の跡

か丶へられ候キ。駿河の由原《ゆはら》先懸《さきがけ》にて、あづき坂へ人数を出し候。則、備後守あん城より矢はぎへ懸出《かけだし》、あづき坂にて、備後守御舎弟衆与二郎・孫三郎・四郎次郎殿初めとして既に一戦に取結び相戦ふ。

其時よき働《はたらき》の衆、（中略）三度《みたび》・四度《よたび》か丶り合ひか丶り合ひ折しきて、各《おのおの》手柄と云ふ事限りなし。前後きびしき様躰《やうたい》なり。爰《ここ》にて那古野弥五郎頸は由原討取るなり。是より駿河衆人数打納《うちい》れ候なり」（『信長公記』）

駿河勢が正田原から小豆坂へと進んだ。尾張勢は安祥城を出て矢作川を渡り、これまた小豆坂へと向かっていた。双方が坂を上り詰めた上でぶつかり合いとなった。

（中略）としたところに「其時よき働きの衆」の名前が列記されている。〇印をつけた六人に、星崎城主の岡田重善※（直教）を加え、この七人が後に「小豆坂の七本槍」と讃えられた人たちだ。同書に挙げられている人の名は以下の通り。

「織田備後守・織田与二郎殿・〇織田孫三郎殿・織田四郎次

**岡田重善**
官職は長門守、通称は助右衛門。秀吉・信長に仕え、本能寺の変の後は信長の二男織田信雄の家老になった。

郎殿、織田造酒丞、是は鑓きず被《かうむ》られ、内藤勝介、是はよき武者討とり高名《かうみやう》。那古屋弥五郎、清須衆にて候、討死候なり。下方左近・佐々《さつさ》隼人正・佐々孫介・中野又兵衛・赤川彦右衛門・神戸《かんべ》市左衛門・永田次郎右衛門・山口左馬助」（同）

討ち死にした那古野弥五郎は「清須衆」とあり、守護斯波家家来だ（あるいは守護代家達勝の可能性も否定できない）。一族はもと今川氏の家臣だったが、彼はいま清須方に属していた。代々が武門の家柄で子も同じく弥五郎を称し、信長に仕えて清須攻めや上洛したときにその名前が出てくる。

もう一人注目しておきたい人物に、最後に挙げられていた山口左馬助がいる。彼は中村（南区桜本町）を本拠に三河近くの鳴海城も持ち、義元の進出で難しい立場になる。信秀が死ぬと今川方に寝返り、桶狭間合戦の遠因を作ることになってゆく。

## ●岩倉も加勢、広忠・義元連合を撃破

この戦いについては『武功夜話』千代女聞書も書き留めている。前野家も岩倉方として参戦しており、その記述は『信長公記』よりもはるかに詳しい。前段部

分を引用しておこう。

「天文寅年（注・十一年）の覚え。生田原取合い、これは先祖小次郎尉（注・前野宗康※）の覚書なり。千代女書写するものなり。

寅年、三州生田原に備後殿兵を催され増るの時、この取合いは真夏の土用と承り居り増る。祖父物語にもあり増る。我等一党は岩倉七兵衛尉（注・信安）の御手先、春日井郡比良の城主佐々蔵人成政殿に与力出《い》で向い増る。面々は何れの御仁も究竟《くっきょう》なる御仁揃いにて、佐々蔵人成政・同隼人正・同孫助・同平左衛門・丹羽勘助・前野小兵衛尉・同長兵衛尉・同孫九郎尉・同又五郎尉・生駒八右衛門・坪内惣兵衛、春日井衆の面、惣勢子合せ弐百有余騎、備後殿の先手を承る。

寅年八月、小豆坂にて駿州の太守今川治部少輔（注・義元）の軍と会す。この時、備後殿は岡崎を引き均《なら》さんと下知し給う。尾張勢意気揚り、駿州勢を思う様に散らし散らし、たがいに鑓ぶすまを組み堂と突《とっ》っ込み増る」

『信長公記』の著者太田牛一はこの戦いを知るわけもない。一方、『武功夜話』を書いた前野孫四郎の方には曾祖父・宗康の記録があり、祖父・孫九郎からも直接話を聞かされていた。『信長公記』の記述と比べると『武功夜話』の方が詳しく、

前野宗康
前野家十三代当主。室は小坂（おさか）氏の女。岩倉城主信安に仕え、三奉行のうちの一人。岩倉落城後、前野村に蟄居、永禄三年三月十六日卒。享年七十二。

しかも生々しく書かれている。

信秀はこの戦いに勝ち、守りを一層強固なものにした。これによって敵方の家臣たちの間に動揺が広がった。中には松平忠倫《ただみち》（上和田城）や酒井忠尚（上野城）、松平信孝（三木城）などのように寝返る者も出てきた。

戸崎町に建つ石碑

このころ、知多郡の北部、緒川では国人領主の水野氏が威を張っていた。水野一族は境川を挟んで三河の刈谷にも城を持ち、同地一帯を支配下に置いている。尾張と三河との国境にあるだけに、信秀の進出により苦境に陥った。

小豆坂の合戦はこのときと六年後の天正十七年にもほぼ同じところであり、後の戦いは前回を上回る激戦だったとされてきた。その一方ではこれを否定し、十七年の一回だけとする説も出てきている。しかし、先に見たように『武功夜話』は十一年にあったとして詳しく書き、『信長公記』の記述を裏付けている。なお、『信長公記』は十一年のときのみで、十七年のものには触れていない。

水野忠政は三河とも友好関係を保ち、娘の於大を広忠に嫁がせている。天文十二年、その忠政が死去、緒川城の跡を継いだ信元は広忠を擁する今川氏と絶縁、信秀側についた。これによって信秀は安祥城—刈谷城—緒川城のラインができ、矢作川以西、西三河平野部の大半を抑える格好になった。

同十四年、広忠は義元の支援を得て、安祥城の奪還に挑んだ。安祥側の城兵も打って出て、安祥畷で合戦となった。知らせを受けた信秀も出撃、広忠を後ろ巻にして三河勢を退散させている。

同十六年、広忠は義元の要求に応じ、嫡男の竹千代（家康）を人質に差し出すことにした。西郡《にしごおり》（蒲郡市）から船で吉田（豊橋市）へ送り出したが、遠州に入った峠道

**図書助順盛**

屋敷は熱田の海辺近くにあり、城にも似た造りだった（下の図参照）。熱田には東西二つの加藤家があって、こちらは「東加藤」と呼ばれた。桶狭間合戦のとき、順盛は熱田に来た信長のもとへいち早く駆け付け、信長は「縁起がいい。今日はカトウ」と言って喜んだとか。

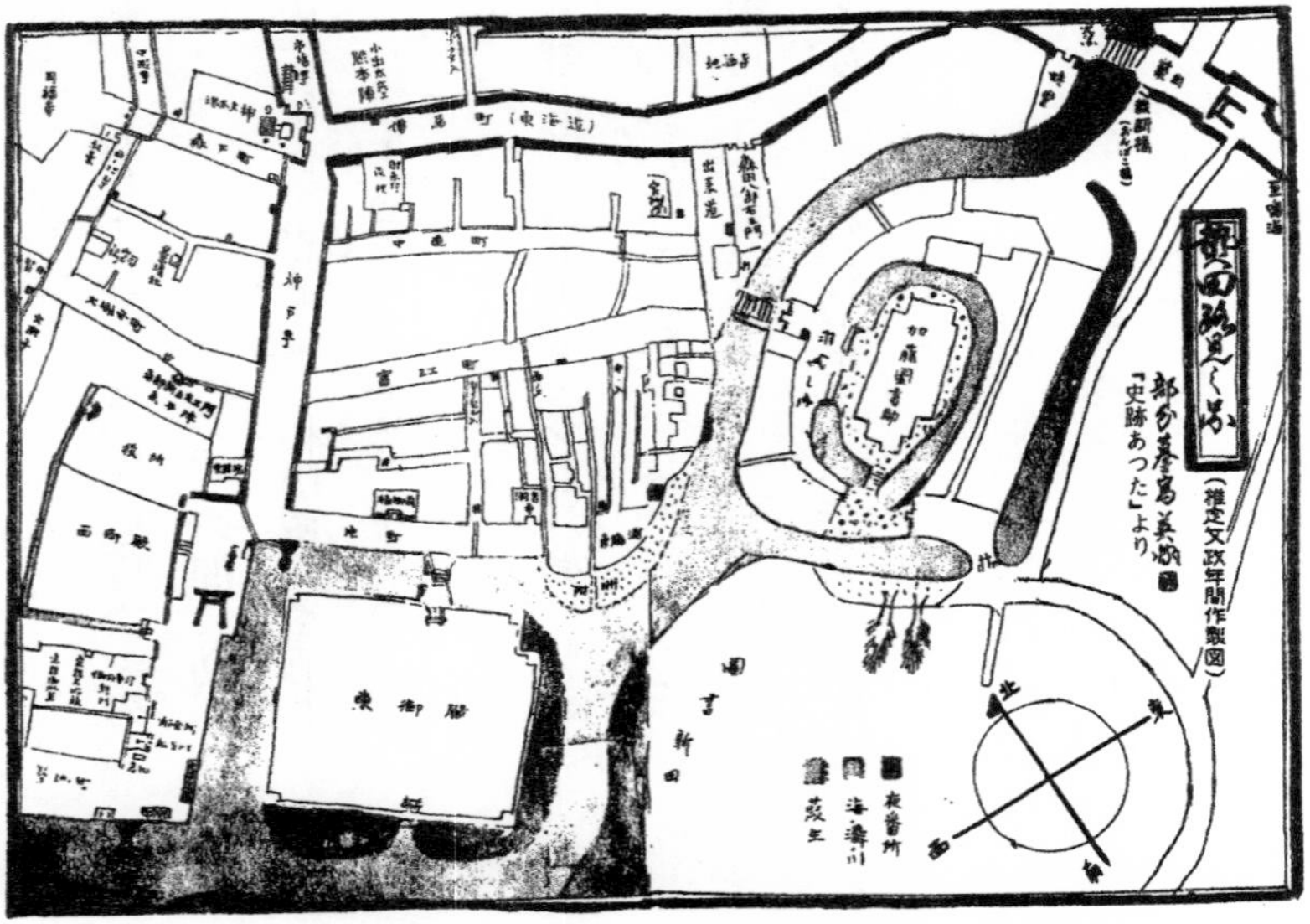

「史跡あつた」より
（推定文政年間作製図）

の潮見坂（湖西市）で田原城主戸田康光によって奪い取られ、あろうことか信秀のもとに送られた。信秀はすでに吉良氏などにも手を回しており、康光もこれを手土産に信秀側へ接近しようとしていたのかもしれない。

竹千代、このときわずか六歳。熱田の土豪加藤図書助順盛《ずしょのすけのぶもり》※のもとに預けられた。この竹千代を取り返すために同十八年、安祥城はまたもや三河勢の攻撃を受け、争奪戦の渦中に巻き込まれてゆく。

# 第二章　敏定公以来の悲願、美濃へ

# 一、信秀、総力挙げて稲葉山攻め

## ●古今未曽有の陣立て、美濃へ乱入

信秀は三河に進出する一方、美濃にも攻撃を仕掛けた。その最大のものが天文十六年（一五四七）九月の戦いである。船田合戦以降、美濃は混乱に陥っていたが、いまはそれを制した斎藤道三の時代になっている。

この合戦の模様を『武功夜話』は参陣した前野宗康の記録をもとに、詳しく書き残していた。曾孫の著者孫四郎にとっては遠い昔のことで、前書きに「すでに百有余年以前の事、そのままにしたため候」とある。

戦いは尾張国内を総動員する大規模なものとなった。これには岩倉・犬山をはじめ、木曽川を地盤にする松倉衆・川並衆も加わっている。その数は合わせて「五千有余人」とあるが、当時、最大限に動員できた妥当な数字と見てよかろう。

「上郡衆岩倉七兵衛様（注・信安）・犬山伯巌様（注・信康）へ備後様（注・信秀）憑勢《たのみぜい》なされ、積るうらみを晴らさんはこの時よと、尾州上の郡、下の郡国中に御陣触れこれあり。備後様の御陣に罷り参じ候衆、その数およそ五千有余人、

守り堅固な“岐阜城”稲葉山

古今未曽有の陣出しに候なり。
一、大河渡り口、尾州摩免戸《まめど》（注・各務原市前渡）、一、尾州黒田渡し、一、尾州小越《おこし》渡し口。以上三ケ所渡り（注・渡し場）より押し渡し候」（『武功夜話』）

これに参加した主な顔ぶれは次の通り。

【御一門衆・清須】織田太郎左衛門・織田七郎左衛門・飯尾近江守・浅井備中守・青山与曽右衛門・織田与二郎・平手内膳・内藤勝蔵・林佐渡守

【岩倉】生駒八右衛門・前野小次郎尉・稲田修理亮・青木勘兵衛・中山七郎兵衛・森三郎兵衛・服部平左衛門・佐久間七郎右衛門・吉田治郎右衛門・小坂久蔵・村瀬作左衛門・同茂左衛門・佐々孫助・同蔵介・丹羽勘助・板倉四郎・厩《うまや》四郎兵衛

【犬山】織田十郎左衛門・佐脇藤左衛門・土田甚助・同弥平二・可児才蔵・土倉四郎兵衛・大沢与右衛門・中島左兵衛・江口宗左衛門・丹羽勝蔵・同覚右衛

門・宮田左京進・酒井左京進・寺沢藤左衛門・兼松金右衛門
【川並衆・枝川衆】坪内将監・前野又五郎・同惣兵衛尉・和田新助・沢井左衛門・青山新七郎・日比野六太夫

岩倉・犬山の一行は草井（江南市）を目指した。先手は犬山城主伯厳信康、後ろ巻きは岩倉城主七兵衛信安。川並衆らは「後陣に罷り候ては高名も成り難し。先陣駆けこそ我等の望むところ」（同）として犬山側に就いた。

すでに川並衆らによって船橋が架けられている。犬山勢は摩免戸から稲葉山（金華山）を目指し、手力《てぢから》・長森（いずれも岐阜市）と二段の構え。美濃方の陣所、瑞龍寺山が前方に見える。

先駆けは信康、二番駆けは川並衆。深田の続く道を突き進んだ。この間、敵の攻撃を受けたが、突き倒し、たたき伏せ、三百ほどの首を取

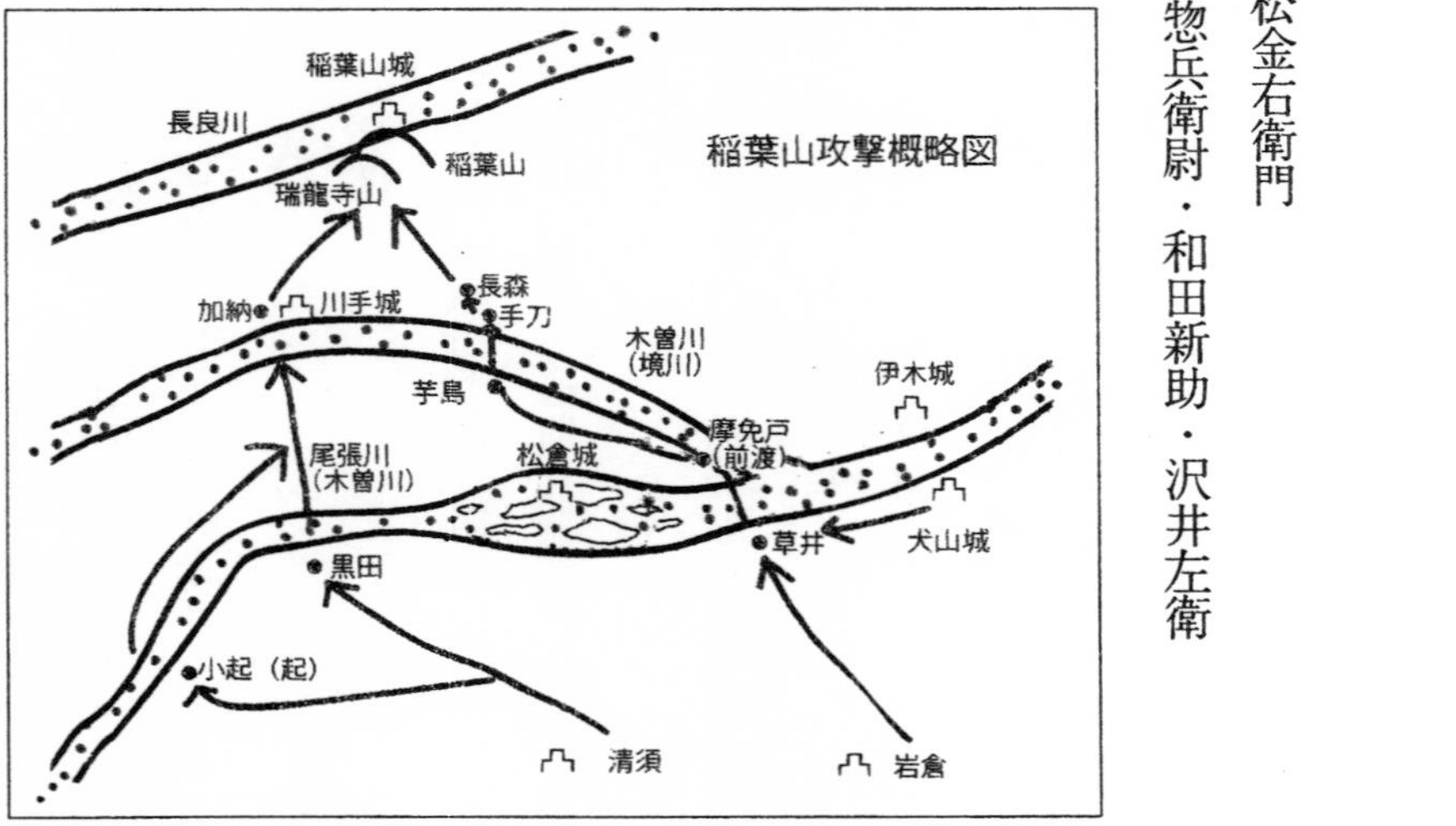

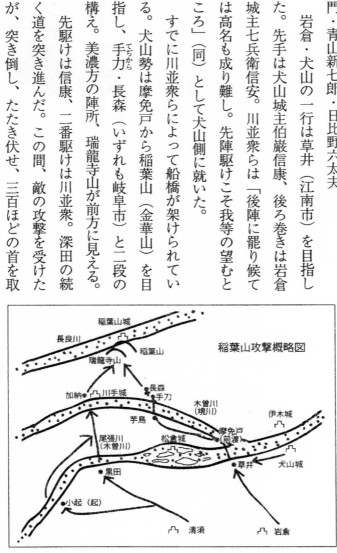

り、なおも前進した。

「長森口へ差し懸け候頃合いより、驟雨《しゅうう》しきりに降りそそぎ、七曲口へ取り付き候頃合いは、高水田畠をひたし、大縄手四面海の如し。七曲口より溢れ出す谷水あたかも滝となり、まことに進路きびしき取り合いと成り来たり候」(同)

もう一方の信秀を大将とする清須勢三千有余は黒田・小越《おこし》(起、いずれも一宮市)から木曽川を渡り、日根野備中守※の守る加納の革手城を攻め立てた。そこは道三が稲葉山に築城するまでは守護土岐氏の居城だったところ。城は「大河をへだてて大手口は堅固な構えで責め難く」(同)手間取りはしたものの、これを落としてこちらも瑞龍寺山へと突き進んだ。

## ●犬山信清討ち死に、またとない負け戦

稲葉山の南麓に瑞龍寺山がある。犬山勢が真っ先にたどり着き、七曲口からよじ登ろうとした。敵は竹束・鹿垣《ししがき》を厳重に結い回し、隘路《あいろ》は三人が通り抜けるのもやっと。参陣した前野宗康は犬山勢の様子を次のように書き留めている。

「登口は隘路にして烈風かぶとを飛ばし躊躇候折柄、進めぬ出来《しゅったい》あり。天から

**日根野備中守**

名は弘就(ひろなり)。斉藤道三に仕え、その子義龍に重用される。義龍の命で異母弟二人を稲葉山城内で斬殺(117頁参照)。次の龍興にも仕えた。鎧や兜を作るのにたけ、特に兜は鉄砲に強い実践的なもので、戦国武将らに「日根野頭形(ずなり)」として重宝された。

湧き出でたるか、地より出でたるか、潮《うしお》の寄せ来るが如く数千の敵勢、押し寄せ来たり候なり」（同）

前方に瑞龍寺山が立ちはだかり、後方には深田と沼沢がひかえている。攻め込んだ一行はたちまち突き崩され、退き口もすでにふさがれている様子。この戦いで松倉※の大将坪内将監《しょうげん》が敵の雑兵に取り囲まれて討ち死に、身方の兵も身動きが取れず、その多くが討ち取られた。

深田はへそまで没するほどで、体の自由がきかない。武具を脱ぎ捨て、はいつくばい、あぜ道を伝うようにして逃げるのに必死。生き残った者はばらばらになって加納城下の寺までたどり着いた。

敵はなおも押し寄せてくる。土居の上から石を投げて防戦しているところへ、犬山の服部三平太が息も絶え絶えにやってきた。体の数カ所に傷を受けており、命水を飲ませて介抱しているうち、ようやく気を取り戻した。

「先刻伯巌様、敵の隠し軍勢のため、山下において御落命。身方は総崩れ、もはや御下知も届かざる乱軍に候。速やかに引き給えとの注進に候。

鬨《とき》の声、四辺に迫り一刻の猶予ならず。外聞悪しく候も動転して具足脱ぎ捨て、

**松倉城**

戦国時代、このあたりの木曽川は網の目のように流れ、城はそうした中の島状の一つにあった。尾張と美濃との国境も定かではなく、坪内将監らは川並衆とともに木曽川を支配下にのし上がってきた。

鑓刀をひきずり摩免戸山にて、手負いの者、松倉喜太郎（注・坪内利定）船にて松倉に渡り川越え候次第」（同）

信秀率いる清須勢も同様の負け戦だった。加えて木曽川は増水しており、渡河で数百の水死者を出したほど。信秀にとってはこれまでにない大敗北となった。

「河手責めの備後様も同然の負け戦に候なり。尾張川（注・木曽川）高水のため水死者数百、八方崩され命からがら十町野までたどりつき候由」（同）

「不覚の出入り、後の世まで物語り候。長森よりの美濃責めは不吉に候なり。天文乙未《きのとひつじ》（注・丁未《ひのとひつじ》、十六年）稲葉責め、この責口はこれをもって再び隙入り相無し」（同）

『織田信長の系譜　信秀の生涯を追って』の著者、横山住雄氏は著書の中で斎藤道三の重臣長井久兵衛秀元が緒川城主の水野十郎左衛門信近に宛てた書状を紹介されている。安心軒と瓦礫軒《がれきけん》の二人を使者に立て、今回の大勝ぶりを伝えさせ、同時に、広忠と力を合わせるようにと助言させていた。同書に意訳された全文を少し長くなるが引用させてもらおう。

「前回以後何の連絡もしませんでしたが尾州と当国の戦いの為に、街道往来が停止して連絡出来ませんでした。そのことは瓦礫軒・安心軒まで申し上げたので、お耳に達しましたか。すなわち一昨日辰の刻（午前八時）、次郎《ママ》・朝倉太郎左衛門※・尾州織田衆の上下、具足数二万五六千、一勢に城下に攻め込みました。こちらは少数ながらも城から出て一戦に及び、織田弾正忠の陣へ切りかかり、数時間戦って数百人を討ち取りました。その名簿（首注文）を送ります。このほか負けた兵は木曽川で二・三千溺れました。信秀は六七人をつれただけで逃げ帰りました。しばらくは尾張に豪勇の者は出ないほどに勝ち、年来の本懐をとげました。この時に当たって松平三郎広忠と相談のうえ、御城下を強固にされるように。なお瓦礫軒が詳しく話しますからよろしく。恐惶謹言。

（天文十三）　　長井久兵衛

九月廿五日　　秀元

水野十郎左衛門殿

（古証文）内閣文庫本」

以上のように信秀勢を撃退したことを報告し、言外に信秀とは組みしないように勧めている。信秀の美濃攻めは天文十三年と今回、同十六年の二回あったとするのが通説だが、横山氏は天文十三年※のみの一回だけだと主張されている。この

**朝倉太郎左衛門**
教景・宗滴。朝倉氏の地位を確立した人。信秀は義元と戦うときに北条氏にその背後を突くように勧めているが、このときは朝倉氏との連携があったのか。

天文十三年の戦い　このとき木曽川の梅の木渡し、岐阜県笠田の渡し（後の笠松町）から侵攻した。現地にその模様を記した解説板がある。

書状に年号は記されていない。やはり二回あったと見るべきで、これは激戦となった同十六年のときのものだろう。

信秀はこの二年後に末森城（千種区）で亡くなる。信長の時代に入り、これに代わって西方の墨俣へ目が向けられてゆく。

# 二、〝美濃のマムシ〟道三、立ちはだかる

## ●『信長公記』が書く美濃攻めの実態

天文十六年（一五四七）の稲葉山攻めを『武功夜話』で見たが、清須側の『信長公記』はどう書いているのか。『武功夜話』の記述と比べるとその量は少ない。これに関する所を見てみよう。

「去《さ》て備後殿（注・信秀）は国中憑《たの》み勢をなされ、一ヶ月は美濃国へ御働き、又翌月は三川（注・三河）の国へ御出勢。或時（注・天文十六年）九月三日、尾張国中の人数《にんじゅ》を御憑《たのみ》なされ美濃へ御乱入。在々所々放火候て、九月廿二日、斎藤山城道三居城《さいとうやましろどうさんゐじょう》稲葉山山下村々推詰《おしつめ》焼払ひ、町口まで取寄《とりよせ》、既に晩日《ばんび》申刻

（注・午後四時）に及び御人数引退《ひきの》かれ、諸手半分ばかり引取り候所へ、山城道三噇《どっ》と南へ向て切りかゝり、相支《あいささえ》候といへども、多人数くづれ立《たつ》の間守備事叶はず、備後殿御舎弟織田与次郎・織田因幡守・織田水主正《もんどのカミ》・青山与三右衛門尉・千秋《せんしゅう》紀伊守・毛利十郎・おとなの寺沢又八舎弟・毛利藤九郎・岩越《いわこし》喜三郎初めとして歴々五千ばかり討死なり」

斎藤道三（常在寺蔵）

『武功夜話』ほど詳しくはないし、具体的でもない。これは著者の太田牛一が昔の話を人づてに聞き、書き記したにすぎなかったからだろう。末尾の「五千ばかり討死」もあり得ない数字で、出陣した総数がそれぐらいだったと見てよい。

何人かの有力な戦死者名が挙げられている。その中の織田因幡守は清須三奉行の一人であり、千秋紀伊守は熱田の大宮司である。攻めて攻められて引き返しと淡々と書

# “国盗り”道三

油売りから一代でのし上がったと言われてきた美濃の斎藤道三。下克上の代表のように語られてきたが、それは父子二代にわたるものだった。その道三が晩年は親子で対立、死ぬ直前、信長に美濃一国を譲る遺言状を書いたとされている。しかし、同様のものが複数あり、信憑性には疑問も残る。

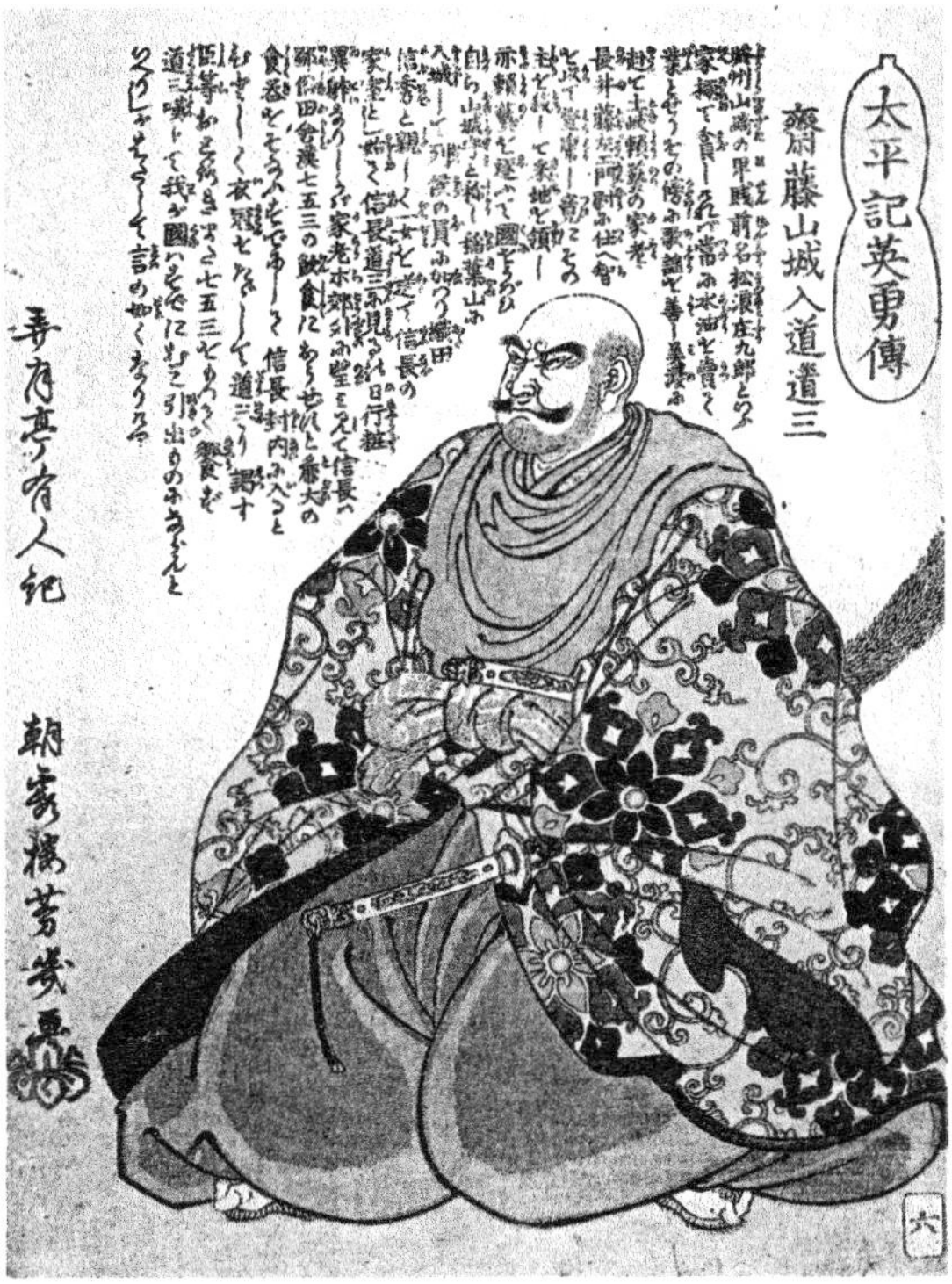


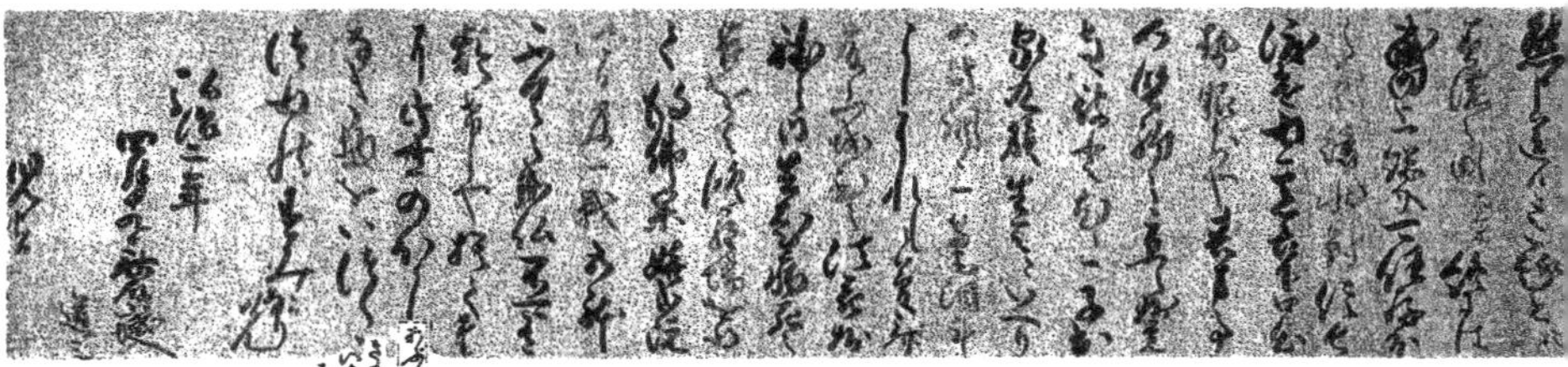

上・斎藤道三『太平記英雄伝』
中・道三遺言状（妙覚寺蔵）
下・油売り（『江戸時代風俗さしえ集』）

かれており、『武功夜話』で見たような大敗ぶりは感じられないが、これには著者太田牛一による信秀への遠慮があったのかもしれない。

勝った道三はすかさず次の手を打った。三年前に大垣の城が信秀の手に落ちている。近江勢に加勢をうながし、この機に奪い返そうと意気込んだ。

「先年尾張国より濃州大柿の城へ織田播磨守入置かれ候キ。去る九月廿二日、山城道三大合戦に打勝て申様《もうすよう》に、尾張の物はあしも腰も立間敷《たつまじく》候間、大柿を取詰《とりつ》め、此時攻干《せめほす》べきの由候て、近江のくにより加勢を憑《たの》み、霜月（注・十一月）上旬、大柿の城近々と取寄せ候キ」（『信長公記』）

東別院境内に建つ石碑

このころ、信秀は西美濃にも深く入り込んでおり、安祥城を拠点とした西三河と合わせ、東西で獅子奮迅の働きをしていた。しかし、今回の相次ぐ敗北により、西美濃は完全に失うことになった。ところが、信秀もただ者ではない。

道三は今回の勝利を「あし腰も立間敷」と手放しで喜んだ。信秀は大きな痛手を受けたはずなのに、すかさず反撃に出ている。大垣へ出陣した道三の隙を突き、またもや美濃へ攻め込んだ。

「霜月上旬、大柿の城近々と取寄せ、斉藤山城道三攻寄《せめよ》るの由、注進切々《せつせつ》なり。其儀において打立つべきの由候て、

霜月十七日、織田備後守殿後巻《うしろまき》として、又憑《たの》み勢をさせられ、木曽川・飛騨川、大河舟渡しをこさせられ、美濃国へ御乱入、竹が鼻（注・羽島市）放火候て、あかなべ口（注・岐阜市）へ御働き候て、所々に煙を揚げられ候間、道三仰天致し、虎口《こぐち》を甘《つくろげ》、井の口（注・稲葉山）居城へ引入るなり。か様に程なく備後との軽々と御発足《ごほっそく》、御手柄申すばかりなき次第なり」（同）

信秀も負けてはいなかった。道三が大垣に出陣した隙をつき、背後の竹が鼻や西部に放火して回った。著者の牛一はこのときの活躍ぶりを誇らしげに書き立てている。

## ●道三の魔の手、清須大和守へ、飯尾近江守へ

ところが、逆に出陣して空になった古渡城下を、清須が焼き討ちするという挙

に出た。当時、尾張は実力者信秀のもとで平穏であるかに見えたが、守護代で清須城主の大和守家織田達勝は不満を持っていたのだ。それが表面に噴出した初めての事件と言える。

「霜月廿日、此留守に尾州の内清洲衆、備後殿古渡新城へ人数を出し、町口放火候て、御敵の色を立《たて》られ候。かくのごとく候間、備後殿御帰陣なり。是より鉾楯《むじゅん》に及び候キ」（同）

振り返って見ると、小豆坂の合戦で功名を挙げた武将の中に「清須衆」と特筆されていたのは、那古野弥五郎が一人いるだけだった。今回の稲葉山攻めにしても、どれほど参加していたかは疑わしい。大和守家と弾正忠家とは決して一枚岩ではなかったことがここで明るみに出た。

両者の対立を背後からあおったのが他ならぬ道三だった。信秀に不満を持つ達勝に何らかの方法で働きかけていたのだろう。安祥城を拠点に三河で戦っていた信秀が

奥田城あとにある堀畑神社

急きょ、美濃へ攻め込むことになったのも、こうした動きをいち早く察知したからではなかったか。

出陣していた信秀はこれを知り、あわてて古渡へ引き返した。天文十三年（一五四四）に奪い取った大垣城は道三の手に落ち、美濃を完全に失うことになった。三河に目を奪われている隙に、美濃からは道三の魔の手が伸びてきていたのだ。

これだけではない。『武功夜話』は今回の出陣を飯尾近江守が斎藤方にそそのかされ、蜂起しようとしたことにある、と書き留めている。近江守は敏定の子または孫とされているが、確かなことは分かっていない。奥田（稲沢市）城主である飯尾氏の養子となり、飯尾定宗と名乗っていた。

「さる程に美濃斎藤勢、河野島辺りに隙入り取込み候いて盛んに仕懸け来たり増る。大川筋の飯尾近江守に謀叛の儀これあり増れば、犬山の伯巌殿（注・信康）、大川伝いにて候えば到底叶い間敷く存じ増る。美濃衆今度は堅く固め来たり増れば、織田一門清須にて御諚《ごじょう》あり。祖父治郎左衛門殿（注・敏定）以来の宿願、此度の美濃責めに異存これ無く同心、清須御諚一決と相成り増る」（『武功夜話』千代女聞書）

奥田城は下津《おりづ》近くにあったが、木曽川沿いも勢力下に置いていたのか。美濃勢が河野島（各務原市川島河田町）へ進出し、近江守がこれに合流すれば、上流にある犬山城が危なくなってくる。尾張はその対応策に迫られた。

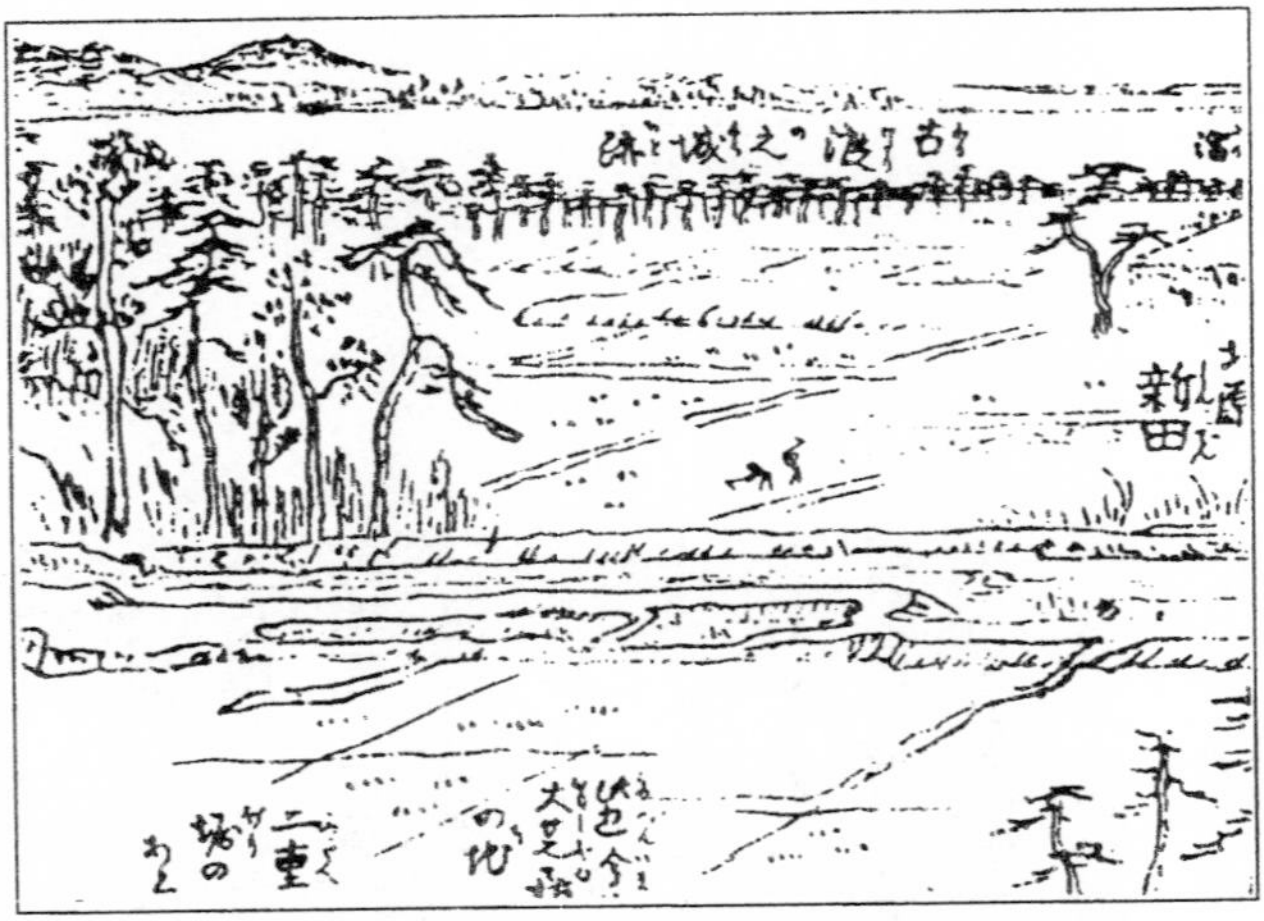

古渡の古景（『東御坊繁昌図会』より）

斎藤道三はぬかりなく織田一族の近江守にも手を伸ばしていたのだ。『武功夜話』は今回の稲葉攻めの第一原因は近江守の「謀叛」にあるとし、これに対し織田一門は清須城で会議を持ち、先手を打つことにした。このとき守護代の大和守側がどう動いたかは不明だが、尾張は信秀の指揮下にまとまっており、すぐさま行動に移したのはその後の経過からも明らかである。

反旗を翻した近江守は後に恭順の意を示したとみえ、許されて織田の一門として復活することになった。桶狭間の戦いに際しては信長の命により、子の尚清とともに鷲津砦の守りに就いている。合戦では近江守が今川方の猛攻を受けて討ち死に、飯尾家の家督は生き延びた尚清が継ぐことになってゆく。

信秀の依った古渡城はいま東別院の建つ地で、下茶屋公園のあるところが天守台だった。信長はこの城で元服したとされている。翌天文十七年、信秀は三河に対する備えとして末森（千種区末盛）に城を築くことになる。

# 第三章　信秀死す、謎秘めるその死亡年

**万松寺**

中区大須にある寺として有名だが、当時は同じ中区でも錦二丁目の地にあった。現在、桜通に面して桜天神があるが、寺は名古屋開府で大須に移転したものの、この神社だけは残った。いずれも信秀が創建したもので、その葬儀が行われたのもこちらの方にあったときのことだ。

# 一、信秀遺言「三年間、死を秘匿せよ」

## ●三説、天文十八年・二十年・二十一年

「敏定公（注・尾張を統一した二代清須城主）の再来」と言われ、信秀は三河で美濃でと大活躍だった。しかし、その彼も病気には勝てなかった。『信長公記』はその死を次のように書いている。

「備後守殿疫癘《エキレイ》御悩みなされ、様々御祈祷・御療治候といへども御平癒なく、終《つい》に三月三日御年四十二と申すに御遷化《せんげ》。生死無常の世の習《ならひ》、悲哉《かなしきかな》、颯々《さつさつ》タル風来テハ万草之露ヲ散《サン》ジ、漫々タル雲ハ満月ノ光ヲ隠ス」

「疫癘」を『広辞苑』で引くと「疫病。流行病。伝染病」とある。病名ははっきりしないが、それ以上に問題なのが死亡した年だ。同書は「三月三日」「御年四十二」と書くだけで、肝心の年号を明記していない。

これに対して『武功夜話』は次のように書く。死亡した年を天文十八年（一五四九）とし、その死は極秘にされたというのだ。

「智略豪勇の将といえども天命は如何とも成りがたし。天文己酉《つちのととり》（注・十八年）

三月日御逝去《せいきょ》了《おわる》。桃巌禅定という。されども御葬儀は取り行わず、両三年の後これを行うなり。国中風聞の取り沙汰あれども、某《それがし》（注・『武功夜話』の筆者）どもその真意を知らぬなり」（『武功夜話』）

「天文廿一年備後殿御薨去《こうきょ》、喪を秘し只管《ひたすら》隠し置く事両三年と承り増る。備後様の御葬儀は万松寺※において執り行われ増る。御生前の備後様御遺言の通り信長様跡を襲い参らせ増るも、御行跡の事御改め相無し」（『武功夜話』千代女聞書）

後者が「天文廿一年」と書いたのは喪が明け、公表することのできた年のこと。信秀は業半ばである上に信長が十六歳とまだ若く、死ぬにも死に切れなかったのだろう。しかし、いつまでも隠し通せるものではなく、「国中風聞の取り沙汰」ありとしている。

従来、信秀の死亡年については天文十八年、同二十年、同二十一年の三説があ

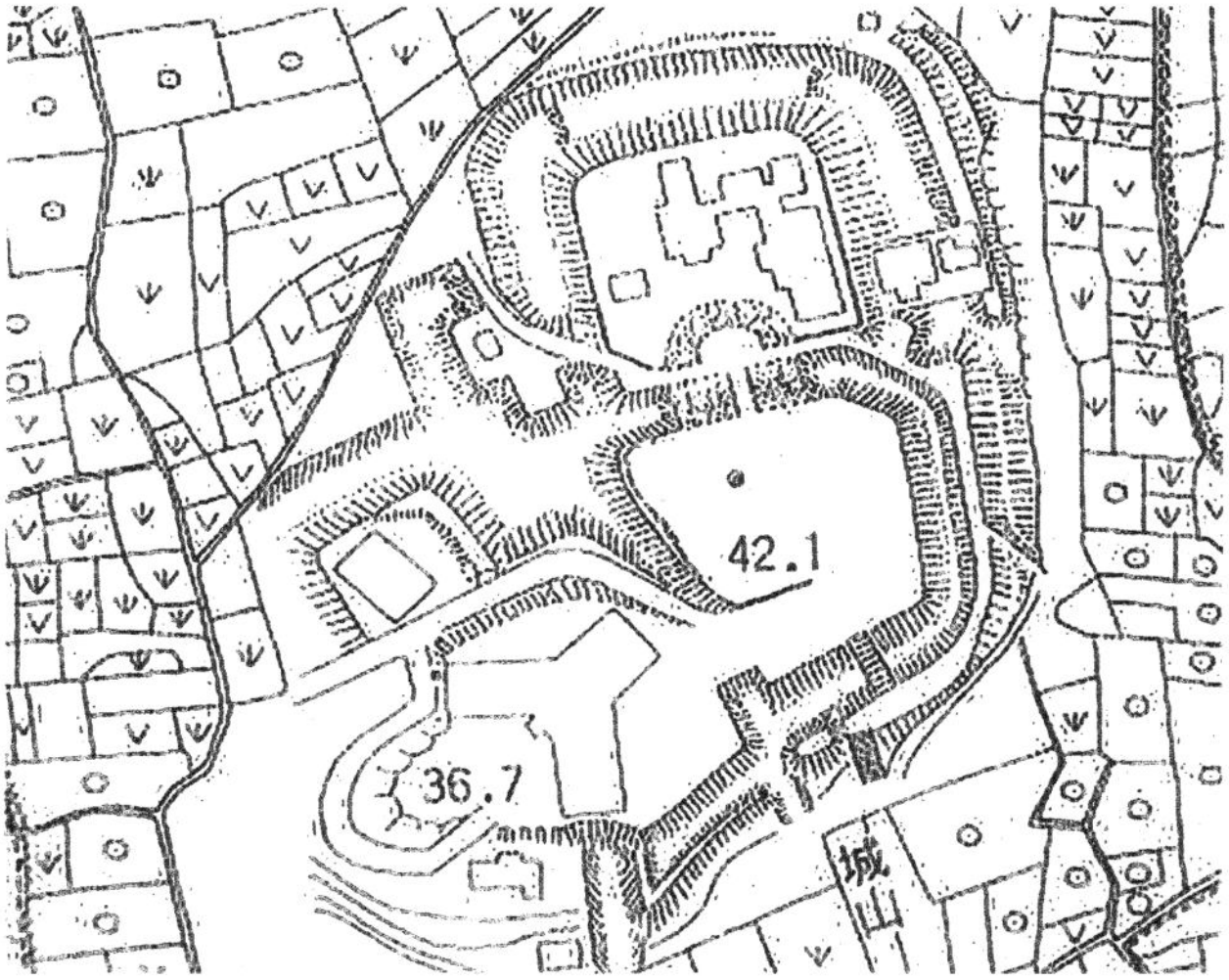

末盛城推定図（『愛知県中世城館報告書1』より）

った。葬儀は二十年に万松寺で行われており、位牌の裏には「天文二十年辛亥《かのとい》三月三日」(『織田家雑譜』)とあるが、同寺の過去帳には二十一年と記されている。こうしたことから、三説の中で最も軽く見られてきたのが天文十八年説だった。

先ごろ出た『新修名古屋市史』は迷いながらも「天文二〇、二一(一五五一、二)ごろ、おそらく天文二十一年三月三日に死去」と書いている。『武功夜話』には偽書説もあって評価しない向きもあるが、これは聞き書きであり、また、何度も書き写されてもきたから、中には間違いや改竄《かいざん》もないわけではない。あれだけの内容と分量とを故意に〝捏造《ねつぞう》〟できるものではなかろう。

## ●信秀、病床で信長の結婚を急がせる

信秀は末盛城内で病にかかり、信長の結婚を急いでいたようだ。長男に安祥城を守る信広がいたが、このときすでに信長を後継者と決めている。信秀の胸中には平定する三河を信広にまかせ、尾張は信長に託す構想があったのではないか。

「天文十八年の春に至り、信秀病気に取結びける故に、早く存命の内結縁たるべしと、催促あるに付きて、婚礼を急ぎ、則《すなわ》ち明智入道宗寂を媒《なかだち》として、同年二

月廿四日、尾州古渡に入輿し、上総介信長の北の方（注・妻）とぞ相なりぬ。道三本室の子は、此息女のみなり。扨又《さてまた》同三月三日、織田信秀卒去す。四十二歳。法名桃岩と号す。此年、信長十六歳、奥方十五歳」（『美濃国諸旧記』）

「春に至り」とあるから天文十八年の一月か二月にはもう患っていたのか。病床で十六歳になった信長の結婚に思いを巡らせ、手を打っている様子のほどがうかがえる。「二月廿四日」「入輿」というのはあまりにも早急で、婚約が内定したといった程度のものだろう。

これは美濃側から見たもので、媒酌人は明智光秀の叔父に当たる明智宗寂とされている。ところが、尾張側から見た『武功夜話』はこれとは違ったことを書いている。対応した美濃側が宗寂だったというのか。

「尾州津島の住人、堀田道空※と老職平田三位、西美濃三家衆とともに相謀り、斉藤・織田両家の御縁組の取り持ちあり。尾・濃の間を足繁く往来、ここに御目

**堀田道空**

孫右衛門正定、道空は入道名。津島の豪商「四家七名字」のうちの一家。信長に仕え、斉藤道三との交流も持つ。道空邸で信長も交えて「おどり張行」が行われたこともある。『信長公記』には「弓三張」の一人として堀田孫七、「鑓三本」の一人に堀田左内が出てくるが、いずれも同族か。

信秀ゆかりの末盛城跡

出度く成就候なり。備後様生前の御遺言あり。大人衆相謀り両三年相待ち御葬儀を取り行われ候。ときに天文辛亥《かのとい》（注・天文二十年）三月日の事」（『武功夜話』）

ここに出てくる「西美濃三人衆」とは斉藤氏の有力家臣である稲葉良通（一鉄）、安藤守就《もりなり》、氏家直元《うじいえなおもと》（卜全《ぼくぜん》）の三人。彼らは大垣まで進出してきた信秀に、脅威を感じ取っていたはずだ。永禄十年（一五六七）、信長が稲葉山攻めにかかると、いち早く寝返ることになった。

津島の堀田道空は美濃の斉藤氏とも親しく交流しており、『信長公記』には後に信長がその屋敷で盛大に踊りの会を開いたことも紹介されている。「平田三位」は信長のお守り役の平手政秀のことと思われ、この二人が手を尽くしてまとめ上げたというのだ。正式な婚約は『武功夜話』の書く信秀の葬儀が営まれた二十年の翌年、二十一年に取り交わされている。

氏家卜全
（『自由に使える戦国武将肖像画集』）

『武功夜話』千代女聞書は濃姫との結婚について「美濃との御縁組平手殿取り計らい候て、御輿入れは弘治二年（注・一五五六）春三月と相定り増る。

解釈の食い違い
例えば天文十八年に信長名で熱田の八カ村に制札が出されている。これは信秀生前中のこととして、信長が名代として書いたとされてきた。

これは備後殿御逝去より五六年も過ぎ足る後なり」としている。道三は婚儀をすませたものの、そのまま手元に置いていたのか。ちなみに、道三と信長が正徳寺で会見したのは天文二十二年四月のことである。

信秀の死が二十年とか二十一年にされてきたため、この前後の古文書の解釈にも食い違い※が生じてきたり、歴史年表などに混乱があったりする。信秀から信長にバトンタッチされた年はかなり重要なことであるはず。これまでそれを決めかねてきた（か、間違えて決め付けていた）。

ところが〝正解〟は意外なものから出てきた。最も信頼されてきた『信長公記』がその死を三年間隠していたというのだ。これを初めて読み解いたのが『証義・桶狭間の戦い』の著者尾畑太三氏である。

# 二、「秘喪」を守った『信長公記』首巻

## ●〝隠し文〟を初めて見破った尾畑太三氏

尾畑氏は『信長公記』首巻のウソを初めて見破った人である。最も信頼されて

きた同書が三年間ずらして書かれていたというのだ。牛一の〃隠し文〃を読み解いた業績により、尾畑太三氏※の名は歴史に残ると言っても過言ではない。

桶狭間にお住まいの尾畑氏は初め古戦場を訪れる人たちのため、簡単な案内書を書こうとされた。書いてみると桶狭間の合戦にはそこへ至るまでの複雑な過程があり、やがて『信長公記』の首巻全体を分かりやすく解説しようと方針転換された。首巻を何度も何度も読み返すうち、故意にねじ曲げた記述があるのに気付き、三度目の書き直しで出来上がったのが『証義・桶狭間の戦い』である。

これまで『信長公記』の〃隠し文〃を指摘した人はだれ一人としていなかった。『信長記』を書いた小瀬甫庵も『総見記』や『武徳編年集成』の著者らも、まったく気付かないできた。

**尾畑太三氏**
昭和七年（一九三二）大阪市道頓堀で生まれる。昭和二十六年、戦後続いた超インフレの中、経済主導を予測して金融機関に入り、昭和三十四年の伊勢湾台風に押されるように、翌年より名古屋に移り住む。

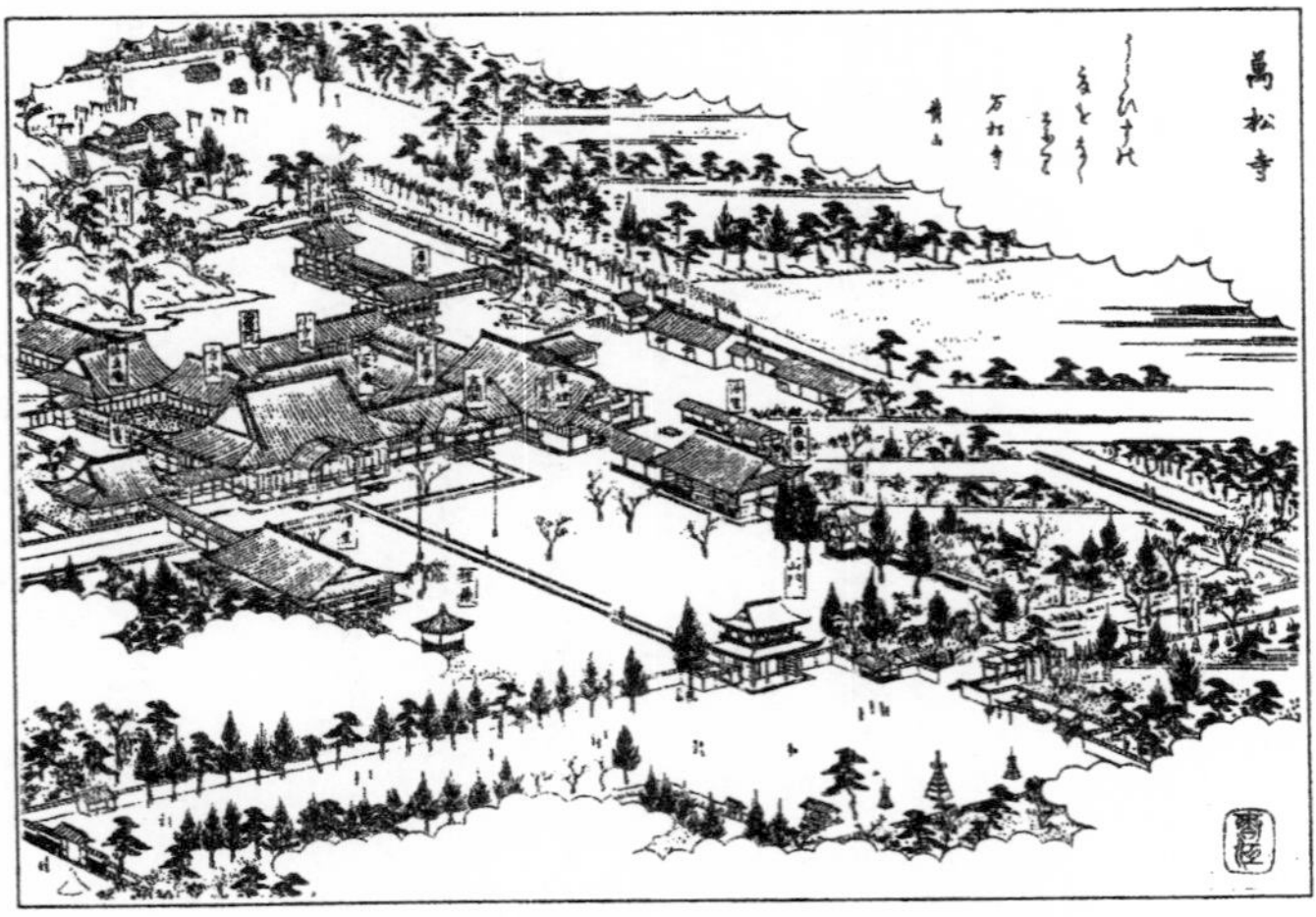


江戸時代の万松寺（『尾張名所図会』より）

昭和四十二年、預金争奪戦に見切りを付け、弱者救済を夢見て経営指導業務に転進。これが後の経営コンサルタントに該当するものであった。平成五年、現役を引退。今回の執筆に当たる。（『証義・桶狭間の戦い』筆者紹介より）

これまで疑問に思う人はあったとしても、間違えて書いていると簡単に片付けられてきた。

『信長公記』の本体は一級史料だが、その首巻を同等に扱うことはできない。書かれてから約六世紀、みんなが騙され続けてきた。天上の太田牛一はいまごろ「やっと見破る者が出てきおったか」と苦笑いしているかもしれない。

牛一も信秀の死を隠すのに苦労した一人だった。「終《つい》に三月三日御歳四十二と申すに御遷化」としながらも、その年号は書こうにも書けない。そして「秘喪」を守るため、様々な小細工を労することになる。

天文二十年の万松寺の葬儀は十八、十九、二十と数えた三回忌の追善供養だった。万松寺も三年間の「秘喪」を忠実に守り、過去帳に記された同二十一年は十九、二十、二十一と数えてのもの。三説あった中で十八年説が最も軽く見られてきたのも、葬儀が行われ位牌や過去帳に記載されていたことが大きい。

## ●隠すのに苦労した『信長公記』の著者太田牛一

信秀の家臣山口左馬助は小豆坂の戦いで功名を挙げ、このとき鳴海城主の座にあった。彼は信秀の死後、大高城主・沓掛《くつかけ》城主とともに、今川方へ寝返った。同十九年、信長との間に起きた赤塚の戦いを『信長公記』は天文二十二年と三年間ずらしている。しかもそれほど大した戦いではなかったかのように書いているが、実際は恨み骨髄で山口一族を殲滅《せんめつ》させるほどのものだった。

左馬助父子はこの戦いで死んだと思われるが、その後の彼について「山口左馬助・子息九郎次郎父子駿州へ呼び寄せ、忠節の褒美はなくして無情《なさけなく》親子共に腹をきらせ候」「忠節申す処に、駿河へ左馬助・九郎次郎両人を召寄せ、御褒美は聊《いささか》もなく、無情《なさけなく》、無下《むげ》無下《むげ》と生害させられ候」とご丁寧に二回も書き留めている。

これは戸部（名古屋市南区）城主戸部新左衛門政直の事例をヒントにして〃創作〃されたものか。新左衛門も信秀の死後、義元側に寝返った一人だが、これに怒った信長は家臣に彼の筆跡を習わせ、信長に内通している旨の手紙を書かせた。それを商人に変装した側近の森三左衛門に持たせ、駿河城下で義元側の手に渡るようにし向けた。

義元はこれを読むと烈火の如く怒り、甘言をもって新左衛門を駿河へ呼び寄せた。来るのも待ち切れなくなると家臣を出向かせ、途中の三州吉田（豊橋市）で

| 年号 | 干支 | 西暦 | 年齢 | 実際の出来事 | 『信長公記』の記述 |
|---|---|---|---|---|---|
| 天文18年 | 己酉 | 一五四九 | 16 | 信長、道三の娘との婚約内定<br>三月三日、信秀病没、42歳<br>犬山勢、春日井原へ進出する<br>人質の竹千代と信広とを交換<br>山口左馬助、寝返る | 一月十七日、犬山勢が春日井原へ進出<br>信秀が撃退したとして生前のことに<br>安祥城の落城や人質交換を書けず |
| 天文19年 | 庚戌 | 一五五〇 | 17 | 赤塚の戦いと山口一族攻め<br>山口父子、討ち死に | 赤塚の戦いを三年後の二十二年とする |
| 天文20年 | 辛亥 | 一五五一 | 18 | 万松寺で三回忌の法要、位牌の裏に「天文二十年辛亥三月三日卒」 | 喪があける<br>信秀病没、万松寺で葬儀を営む |
| 天文21年 | 壬子 | 一五五二 | 19 | 信長、道三の娘と正式に婚約<br>万松寺、信秀の没年をこの年にする | 左馬助、義元に寝返る<br>桶狭間の戦いをこの年にする |
| 天文22年 | 癸丑 | 一五五三 | 20 | 平手政秀、諫死<br>信長と道三、聖徳寺で会見 | この年、信長の年齢を「十九歳」と書く<br>赤塚の戦い、引き分け扱いにする<br>山口父子、駿府で切腹と書く<br>信長と道三、聖徳寺で会見 |

言い訳を聞くこともなく切腹させている。『信長公記』の書く左馬助父子の駿河での最期はこの一件を下敷きにしたとも思えてくるが、むろん同書に新左衛門のことは書かれていない。

新左衛門の遺子太郎丸は美濃の軽海（本巣市軽海）に落ち延びた。南区の戸部町には新左衛門の墓碑がいまもある。同地には戸部姓を名乗る家が残るが、そのうちの一人、戸部新吾という人が明治七年（一八七四）に建てたものだ。

同じような殺され方から、新左衛門を左馬助と同一人物とする見方もある。しかし、信秀の死後に寝返ったのは同じでも、両者はまったくの別人である。左馬助は義元に呼ばれて駿河で殺されていなかったし、その後の一族にも接点を見つけ出せそうにない。

信秀死後の出来事を生前に持ってきた個所もあ

戸部新左衛門の碑
（『南区の歴史探訪』より）

る。犬山城主の織田信清はその死をいち早く察知し、清須側の御台地《みだいち》（直轄地）である春日井の柏井を奪い取ろうとした。信清は先の稲葉攻めで先駆けした父の信康を失い、何の恩賞もないのに不満を抱いていた。

この騒動を『信長公記』は「正月十七日」に起きたとし、「備後殿（注・信秀）御人数かけ付け」と信秀が生前に戦ったことにしている。多くの歴史書や年表なども、これを素直に受け入れて記述した。ここでもみな牛一にだまされてきた。

これとは別に書かなかった、書けなかったこともある。三河へ攻め入ることは書いてきたのに、極めて重要と思われる安祥城の落城については一切触れていない。今川方は信秀の死をキャッチし、安祥城に攻撃を仕掛け、天文十八年にはこれを奪い取っている。

このとき、今川方は城を守っていた信秀の子信広（信長の兄）を〃生け捕り〃にした。当時、信秀の手元には竹千代（後の家康）が人質としている。この年に両人は交換されることになるのだが、これも書こうにも書けなかった。

書けなかったことと言えば、信長の生まれた年も書いていない。知らなかったはずはないのだが、書くに書けなかったのだろう。赤塚合戦のところで「天文弐十弐年」は「上総介信長公十九」としているが、このときの年は違っている。

同書は秀吉の墨俣築城についても書いていない。『信長公記』にないところから「墨俣築城はなかった」とする説も生まれてきている。しかし、これは秀吉のしたことであり、単純に取り上げなかっただけのことではないのか。

永禄三年（一五六〇）に起きた桶狭間の合戦を『信長公記』は「天文廿一年壬子五月」と書き、これを文中で三回も使っている。いままでこの記述について「太田牛一は知らなかった」「間違えて書いた」などと単純に片付けられてきた。合戦の年号が分からなければ周りの者に聞けばすぐ分かることなのに、わざわざこの年を明記しているところに意味があり、この解明にこだわったのが尾畑氏だった。

『信長公記』は山口左馬助が寝返ったのを三年間遅らせた（本当は信秀の死んだ天文十八年のこと）。著者の牛一は遅らせた年号を書くことにより、桶狭間の戦いが左馬助の謀反からきていると言いたかったのだ。信秀の「秘喪」を『信長公記』から解き明かした尾畑氏の功績は大きく、しかも在野の人がしたのに頼もしさを感じている。

# 三、首巻の大ウソ、犬山の春日井原進出

## ●信秀死後の事実を生前に書き込む

『信長公記』は信秀の死を隠すため、犬山城主織田信清の「かすがゐ原」への進出を生前の天文十八年（一五四九）「正月十七日」のこととしている。しかし、これは信秀が三月三日に亡くなっていたのを知り、岩倉と語り合って出陣したというのが真相。この件に関する『信長公記』の全文は次の通りである。

「正月十七日、上郡犬山・楽田《がくでん》（注・犬山市楽田）より人数《にんじゅ》を出し、かすがゐ原をかけ通り、竜泉寺（注・名古屋市守山区）の下、柏井口へ相働き、所々に煙を挙げ候。即時に末盛より備後殿（注・信秀）御人数かけ付け、取り合ひ、一戦に及び切崩し、数十人討とり、かすがゐ原を犬山・がくでん衆逃げくづれ候。何者かの云為哉覧《しわざやらん》、落書に云《いわく》

やりなはを引きずりながらひろき野を遠ぼえしてぞにぐる犬山、と書《かい》て所々に立置《たてお》き候らひし。

備後殿御舎弟織田孫三郎（注・信光）一段武篇者《ぶへんもの》なり。是は守山と云ふ所に御

居城候なり」

信秀が犬山勢を撃退したとし、末尾で弟の孫三郎の協力も付記している。しかし、事態はこんな時期に起きていなかったし、また、それほど単純なものでもなかった。『武功夜話』千代女聞書がその経緯を書き留めている。

犬山の信清は先の稲葉山攻めで父の信康を失い、何の恩賞もねぎらいもないのにいらだっていた。信秀の死を知って岩倉の信安を誘い、信秀の御台地《みだいち》である篠木・柏井三郷三千貫文の横領を企てた。これをあおったのが清須の守護代織田達勝である。

『武功夜話』は「清須大和守の家また上総介様（注・信長）に心良からず候。遂に相通じ犬山異心、蜂起の顛末に候なり」と書いている。信秀の死は影の薄かった守護代にとっても、その存在感を示すものとなった。

このとき柏井吉田城を守っていたのが小坂氏※で、前野家とは親戚関係にあった。信清は於久地城代の中島左衛門尉※を使者に立て、前野孫九郎雄吉《かつよし》（『武功夜話』の著者孫四郎の祖父）にも協力を求めてきた。

左衛門尉が言うには「大留村（春日井市）の村瀬作左衛門殿はすでに我等に同

**小坂氏**
当主は小坂久蔵（154頁参照）。『信長公記』では小坂井久蔵の名で出てくる。

**中島左兵衛尉**　名は宣長、通称蔵人。代々が尾張国中島郡の中島城主だったが、織田氏の軍門に下り、左兵衛尉は於久地城代になった。於久地城は岩倉と犬山の中間にあり、両者の間で紛争も起きた。この時点では犬山方に属している。

心、岩倉七兵衛尉殿（注・信安）も犬山に兵を寄せ備えたれば、御辺も我等に同心」（『武功夜話』千代女聞書）せよとの強気の談判である。これには孫九郎が驚いた。

村瀬作左衛門は御台地の代官を務める地元の有力者。孫九郎がただちに訪ねて聞きただしたところ、言葉を荒げてそのようなことは一切ないと否定した。この地には蜂須賀小六や前野将右衛門らの率いる川並衆も多くおり、彼らの地盤とするところでもある。

「過日、なる程我等に犬山方より誘発あり。然れど河口（注・久助）、梶田（注・隼人）と申す者ども相断仕るところ、我等は御存知の如く彦右殿（注・蜂須賀小六正勝）、将右との（注・前野将右衛門長康）と一身たれば、異心有間敷く候」（同）

「御台地は備後殿の頃よりの相恩忘れ難し。義理に叶わざるは我等古来よりの法度なり、と言葉を荒々しく申し上げ増れば、孫九郎尉左様に候とて、此度の急

吉田城跡に建つ石碑

変清《ママ》須の上総殿（注・信長）に至急一報せんと、柏井衆評議一決に及べば、飛方《とびかた》書面を懐中に、清須に向けて駆け出《い》でけるとぞ」（同）

## ●『武功夜話』が語る春日井原の〝真実〟

中島左衛門尉が持ってきた勧誘の条件は「御辺も我等に同心あれば、守山の城を抜くは容易な事なれば、後々は此の御台地御支配たるも構いなし」（同）というものだった。そんな甘言には惑わされず、早速、迎え撃つ態勢を整えた。守山城主の孫三郎にも急報、同城も手勢三百有余をもってこれに備えた。

千代女聞書は孫九郎や村瀬作左衛門、河口、梶田らに守山の手勢「合わせて六百有余」とし、こちらはそこかしこの森陰に潜み犬山勢の到来を待ち受けた、としている。『武功夜話』本体には「犬山勢惣人数一千有余」、これに対し「我等手の者、三郷内に一千有余は下る間敷候」とある。ここでは騒動の起きたのが八日だったとしており、犬山方が信秀の死を知っていかに早く動いたかが分かる。

「これらの備え急変出来《しゅったい》候わば、二十有余ケ所一斉に烟《けむり》を揚げて御台地警護仕る所存に候と、心底申し伝え候なり」（『武功夜話』）

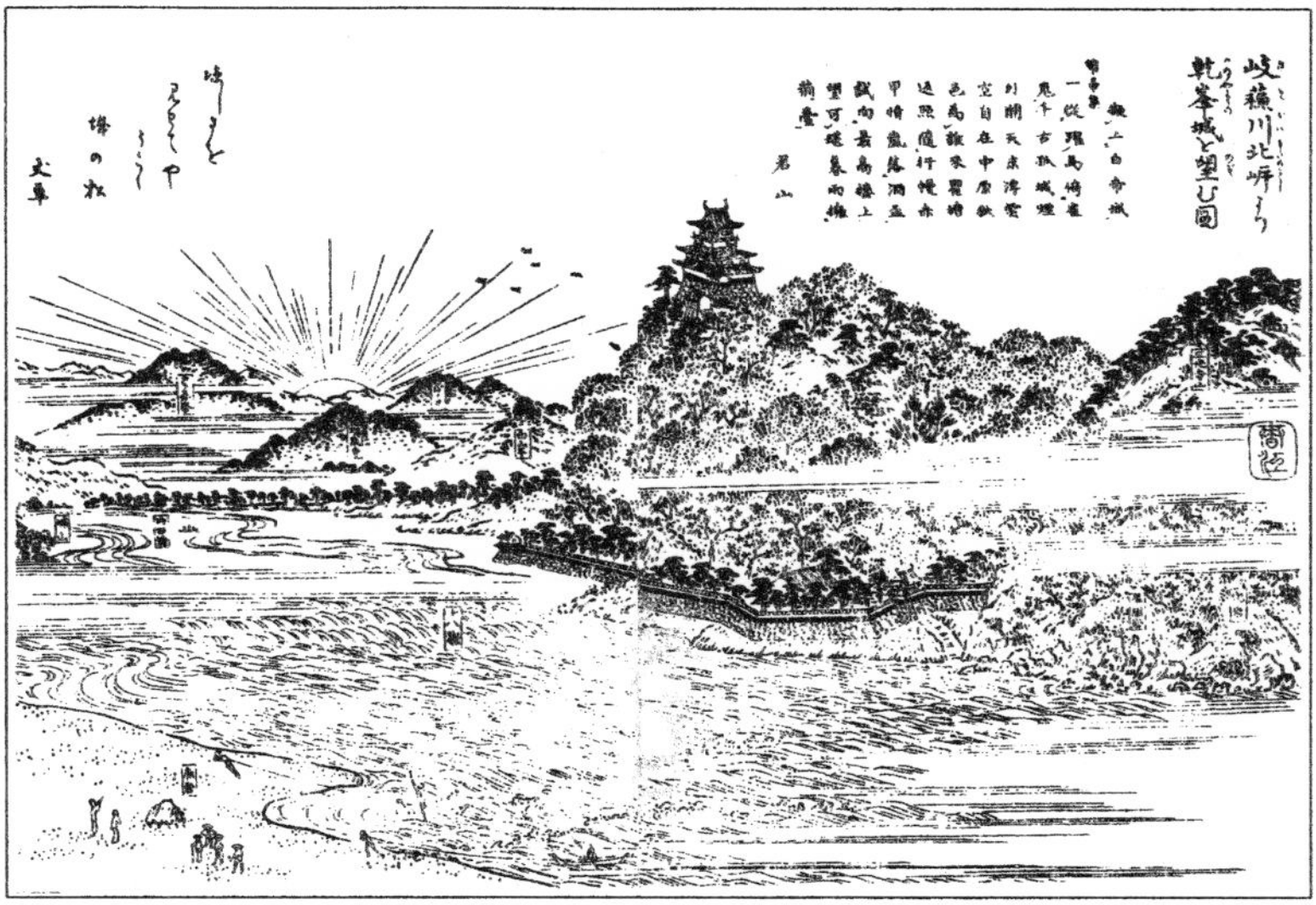


木曽川河畔に築かれた犬山城（『尾張名所図会』より）

「犬山勢柏井原まで差し出ずるや、下原・勝田・如意《にょい》・山の手数十ケ村の一揆衆、松明《たいまつ》・篝火《かがりび》天を焦がし真昼の如く、幾百の法螺貝《ほらがい》一斉に鳴り渡り、数万の軍勢霞の如く湧き出たる如く、犬山勢これを眺め肝《きも》を寒く致し、一戦も交えず一夜に引き退き候」（同）

このときの模様を『武功夜話』千代女聞書も書いている。攻め寄せた犬山勢を百戦錬磨の地侍たちが手玉に取るようにあしらったというのだ。山伏は山を活動の場とするから山伏だが、彼らは主君に仕えることを好まず、野に伏す野伏（野武士）たちだった。

「誠に出入り馴れたる手下ども引き連れ、野伏柏井地侍身軽く立ち働き、退くと見せて打ち懸り増る。犬山勢は放々の様子にて散々に崩れ、北原口へ引き退き増る」

ゲリラ戦は川並衆の最も得意とする戦法。このときの犬山の負け戦ぶりは後々の笑い種となり、『信長公記』の書く「やりなはを引きずりながら」云々の落首となったのだろう。犬山のかすがゐ原侵攻は信秀死後のことであり、これを迎え撃った主力は信秀ではなく地侍たちである。同書の書くウソがここでも確認できる。

信秀が戦ったと書きながら、末尾に守山城主孫三郎の活躍に触れている。『信長公記』の著者太田牛一は信秀のこととした記述に、少しは後ろめたさもあったのか。また、千代女聞書は清須へ急報したとしていたが、この時期、信長はまだ那古野城にいた。ここに出てきた孫三郎が後に信長の清須進出へ一役買うことになる。

# 第四章　苦境に立つ鳴海の山口左馬助

# 一、刈谷城と竹千代の交換、ご破算に

## ●仲介役の山口左馬助、役目果たせず

織田信秀の死は三河にも影響を与えた。皮肉にもその三日後に岡崎城主の松平広忠が死亡する。岡崎へは今川義元が城代を送り込み、三河をタナボタ式に手にすることとなった。

これより二年前の天文十六年（一五四七）、劣勢の広忠は義元に助けを求め、嫡男の竹千代（家康）を人質として差し出した。その道中、田原城主の戸田康光に奪い取られ、あろうことか、敵対する信秀のもとに送られた。信秀は安祥城を奪取していたばかりか、さらに三河の奥深い吉良氏や戸田氏にも何らかの形で働きかけていたのだろう。

この事件に対して義元は竹千代を取り戻そうと腐心していた。その仲介役を担っていたのが地理的にも三河に近い鳴海城主の山口左馬助である。『岡崎市史』は妙源寺※（岡崎市大和町）所蔵の明眼寺宛義元の書状を紹介している。

「今度山口左馬助別可馳走之由祝着候。雖然織備（注・信秀）懇望子細之間、

**妙源寺**

当初は明眼寺と言った。三河一向一揆の際、家康がこの寺に身を寄せたことから「源」の一字を与えられ、妙源寺と改称した。三河では最も古い真宗寺院とされている。真宗高田派。

苅谷令赦免候。此上味方筋之無事無異議、山左（注・山口左馬助）申調候様、両人可令異見候。謹言。

十二月五日　　義元（花押）

明眼寺　阿部与左衛門殿」

この大意は「山口左馬助が駆けずり回ってくれていて喜ばしい。信秀が望んでいる通り、刈谷の城は返すようにしたい。味方の者どもに異論はなく、これについて左馬助が話を整えてくれている。両人によく言い聞かせてほしい」とでもなるか。相手の与左衛門は明眼寺の地頭であり、先に登場した定吉がいたように、阿部姓の者が松平家の家臣にいるところを見ると、彼もその一族の一人だったのかもしれない。

この書状には年号がない。『証義・桶狭間の戦い』の著者尾畑太三氏は同書の中

寺名を明眼寺から変更した妙源寺

で信秀の没年直近、天文十七年の「十二月五日」とし、ここで言う「両人」を信秀と刈谷城主だった水野信元とする新たな見解を示された。左馬助は刈谷城と人質の竹千代とを交換するため、義元・信秀両者の意を受けて交渉役を務めていたのだ。

その刈谷城がいつ三河側の手に落ちたかは定かでない。同城は緒川《おがわ》（知多郡東浦町）の城主水野氏の持ち城で、信元が信秀側に寝返ったことから対立が深まっていた。交換の材料にされたこのとき、城は広忠＝義元側の手にあった。

信秀の死はそんな最中の出来事だった。跡を継いだ信長は当人同士の決めたこと、二人（信秀と広忠）はすでに死んでいるなどとして、この話にはまったく耳を貸そうとしなかった。困ったのは双方の間に立ち、仲介役として走り回っていた左馬助である。

**太源雪斎**
臨済宗の僧侶。義元の軍師役も務めて重用され、〝黒衣の宰相〟として実力をほどを発揮した。臨済寺住職。

## ●義元、新たな交換材料に信広を〝生け捕り〟へ

安祥城を巡っては幾度も攻防が繰り広げてきたが、天文十八年十一月のそれはこれまでのものとは違っていた。義元は刈谷城を返したのに交渉の進展は望めな

いとみて、軍師の太原雪斎《たいげんせっさい》※や朝比奈能泰《やすよし》らの大軍を送り込んだ。竹千代と交換するため、信広を生け捕りにしようとの作戦である。

「安祥之城には小田（注・織田）之三郎五郎殿（注・信広）移らせ給ひて御処《おわしますところ》に、四方より責寄て、鐘・太鼓を鳴、四方より矢・鉄砲を放し、天地を響《ひびかせ》、鯨声《ときのこえ》を上、持楯・垣立・井楼《せいろ》をあげ、矢蔵を上、竹束を付て、昼夜、時之間も油断無、荒手（注・新手）を入帰（注・入替）入帰責入ば、早二三之丸を責取て、本丸計《ばかり》に成て、あつかいを懸て、二の丸えをろして、即鹿垣《ししがき》を結《ゆい》て押こみて籠の内之鳥、網代の内之氷魚《ひうお》（注・一説に鮎の稚魚）之ごとくにして置」（大久保彦左衛門著『三河物語』）

遮二無二に城を攻め立てる方がむしろ簡単だったろうが、信広を二之丸に追い込んで生け捕りにしたというのだ。今川方は信長の兄を手に入れ、新たな交渉の

笠寺観音にある人質交換の碑

材料とした。これには軍師雪斎の入れ知恵があったのかもしれない。

信広のもとには平手政秀や林通勝《みちかつ》らが援軍として来ていた。雪斎は彼らに人質の交換を求め、さもなくば信広を殺すと迫った。これには平手らも応じざるを得ない。

信広は尾張へ返され、竹千代は岡崎へ戻った。十一月二十七日、竹千代は当初の約束通り駿府へ旅発ち、今度は義元のもとで長い人質生活を送ることになる。忍耐強い家康の性格はこうした人質時代に養われたものと言えよう。

尾張は信秀を亡くしたうえ、三河の拠点も失った。跡を継いだ信長はいまだ十六歳、相も変わらずうつけぶりの日々だった。後にこれを目覚めさせるのが前出の一人、守り役でもあった平手政秀である。

一方の左馬助は役目を果たせず、自害を考えるまでになった。それを押しとどめたのが、これまで努力してきたことを知る義元だった。以降、左馬助は信長から離れていくことになる。

尾畑氏は同著で駿河と尾張との和睦をうながすため、後奈良天皇から雪斎に出された勅書について触れられている。義元の母（氏親の正室）寿桂尼《じゅけいに》は中御門家《なかみかど》

**竹千代・信広の交換**

人質交換の地となった笠寺では解放を祝う「鍬形祭り」、別名「オマント」が古くから行われてきた。これが時とともに変化し、桶狭間合戦の戦勝祝いとか五穀豊穣を祝う祭りとする説にもなったか。戦時中に中断したが、平成十七年に復活され、毎年五月五日に行われている。

言い伝えによると、交換は天文十八年十一月八日の午の刻に笠寺境内で行われたとされる。このとき、今川方は輿を、織田方は馬を使用してそれぞれの人質を連れてきたという。今川方は三百人ほどを近くの鳥居山（丹八山）に潜ませて万が一に備え、交換をし終わると竹千代を護衛して帰って行ったとのことである。

の出であり、この件に関しては天皇にも働きかけていたのだろう。尾畑氏は「竹千代問題については朝廷を動かしてまで解決しようと努力するなど、信長には真似のできないことをやったところは注目してもよい」と義元側の行動を高く評価されている。

ところで、肝心の交換が行われた日や場所については、諸説があっていまだ一定していない。交換の早いのは二之丸に押し込めた翌日とするものもある。また、場所についても三河の史料などでは安祥城に近い西野の地で行われたとされているが、名古屋では笠寺の境内だったと言われてきた。

この件では左馬助が仲介役を果たしており、笠寺での交渉などもあり得る。地元の言い伝えでは十一月八日午の刻、それぞれの人質を今川方は輿で、織田方は馬で連れてきて、約束通り交換し合ったという。※近年になって境内には信広と竹

貫好風雅為公傅
公放縦跡弛好為
不聴遂遺諫書
悟改過励行卒
曰我有今日中務
也

平手政秀
（『自由に使える戦国武将肖像画集』より）

千代が並び立ち、「徳川家康公御幼少之砌（注・みぎり）人質交換之地」と刻された記念碑が建てられている。

## 二、交渉断絶、左馬助寝返る

### ●大高・沓掛両城主も行動をともに

鳴海城主の山口左馬助は織田信秀と今川義元の意を受け、刈谷城と人質の竹千代との交換に奔走していた。刈谷城は緒川《おがわ》（知多郡東浦町）の水野元信の城だったが、元信が信秀側に寝返ったことから三河側に奪い取られていた。その交換交渉の最中に信秀が亡くなったのである。

跡を継いだ信長は親の決めたこととして、この話に乗ろうとしない。義元はすでに刈谷城を返しており、約束を実現させるために実力行使に出た。安祥城を守る信広（信長の兄）を〃生け捕り〃にし、新たな交換材料にしようというのだ。それが前に紹介した天文十八年の安祥合戦だった。

左馬助は役目を果たせなかったばかりか、義元に過大な負担をかけさせてしま

**大内弘世**
南北朝時代の武将。多々良姓大内氏の九代当主。このとき山口が本拠地とされた。

った。自責の念にかられて自害も考えるが、それを押しとどめたのが義元だった。これを機に信長を見限り、義元側に就くことにした。

　左馬助の遠祖は周防・長門などの守護、大内弘世《ひろよ》※である。その子義弘は守護大名として大内家最初の全盛期を迎え、持盛、子の教幸《のりゆき》と続くが、教幸の弟とされる教弘が家督を継ぎ、敗れた教幸は出家することになった。山口氏がこの地に根を張るのは教幸の子任世《ただよ》が愛知郡星崎へ落ち延び、笠寺の僧となって多門院と称したときからである（後に還俗）。

　子孫は故郷ゆかりの山口を名乗ることになり、名古屋南部を地盤に国人化してゆく。簡単な系図を示すと、別掲のようになる。この中で名前を知られた人物に、星崎城主の重勝がいる。その子信勝は信秀の女を娶っ

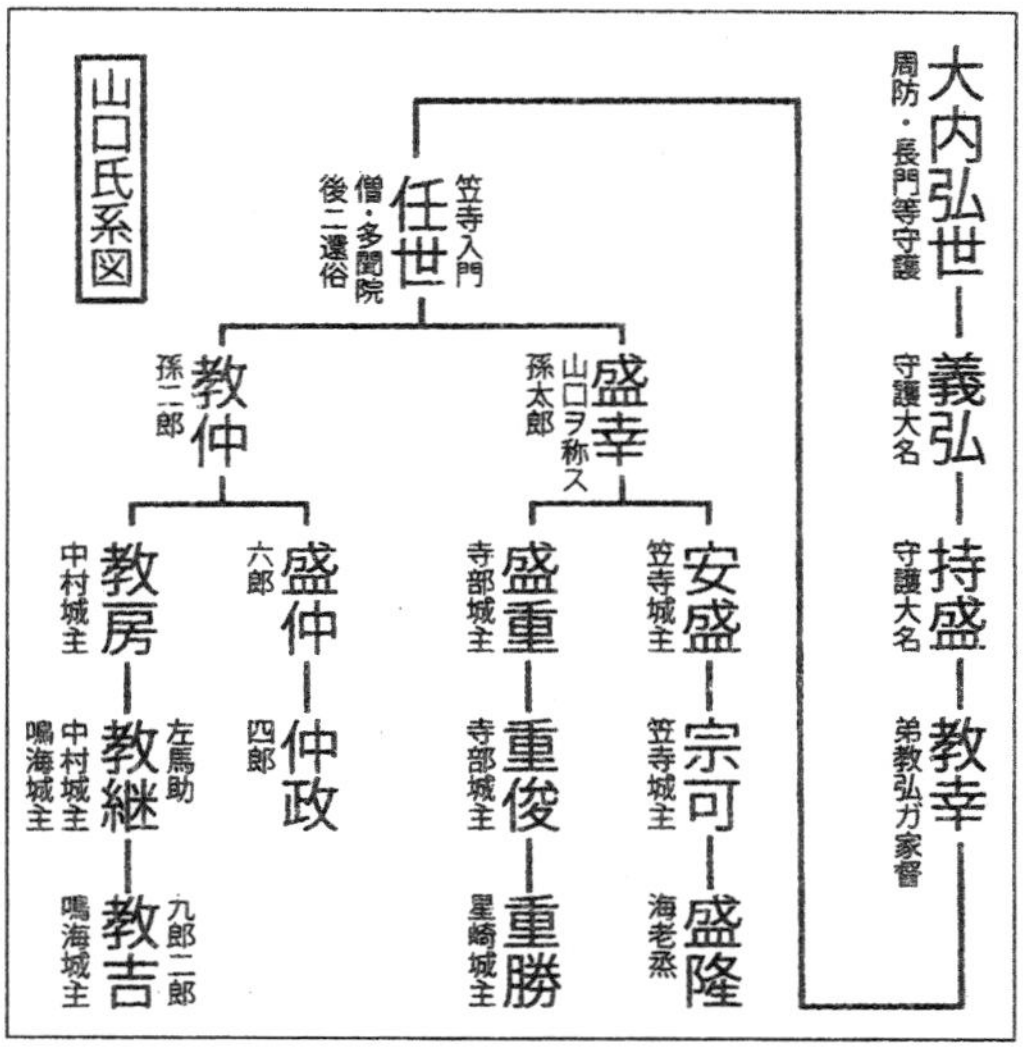

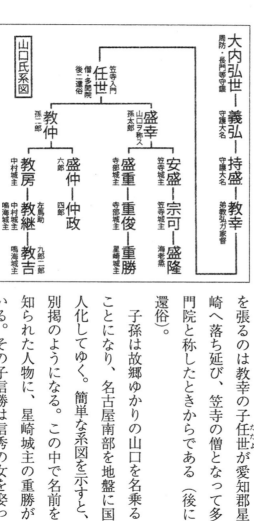

ており、娘のお辰の方は豊臣秀次の側室となり京都・三条河原で犠牲になった。

左馬助は教継《のりつぐ》を名乗り、小豆坂《あずきざか》の戦い（岡崎市羽根町）で名を挙げた。父教房の代から中村（南区桜本町）に本拠を構え、鳴海にも城を持っていた。三河の進出に備えた鳴海城ではあったが、左馬助の寝返りにより義元の尾張への突破口となった。

左馬助が義元側に回ると、大高（緑区大高町）の城主水野大膳と沓掛《くつかけ》（豊明市沓掛町）の城主近藤九十郎もこれに同調した。『信長公記』は「大高の城・沓懸の城、両城も左馬助調略を以て乗っ取り」としているが、両城は左馬助の誘いに進んで乗ったものだ。三河に近い三つの城はいつも連携して行動をともにしていた。

大高城は天白川（黒末川）の河口にあり、天然の良港でもあった。『信長公記』には上

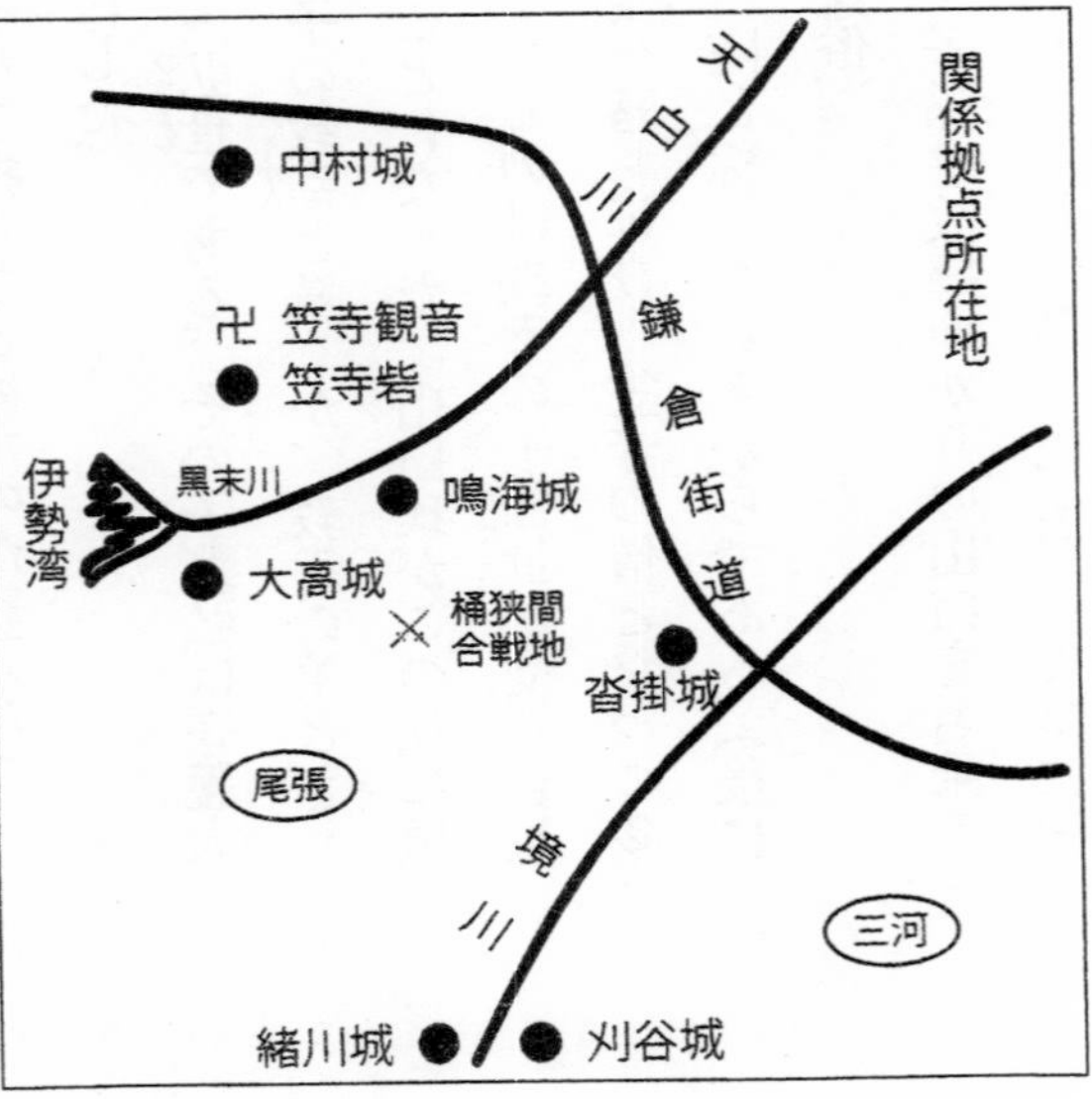

流にある「鳴海の城、南は黒末の川とて入海、塩の差引き城下迄これあり」と書かれているが、鳴海の方は浅瀬で川湊として機能するほどの地形ではなかった。沓掛城はこれらの城よりも内陸部にあり、鎌倉街道の通る交通の要衝だった。

## ●寝返りで義元、名古屋南部にまで進出

左馬助の寝返りで信長は一気に苦境に立たされた。信秀は安祥城を奪い、緒川の水野信元を味方に付け、三河の西部、矢作川の右岸までを勢力下に置いた。それが逆にいまは沓掛・大高・鳴海どころか、笠寺・中村（南区桜本町）にまで義元の手が延びてきている。

「山口左馬助・同九郎二郎父子に、信長公の御父織田備後守累年御目懸けられ、鳴海在城。不慮に御遷化候へば、程なく御厚恩を忘れ、信長公へ敵対を含み、今川義元へ忠節として居城鳴海へ引入れ、智多郡御手に属《しょく》す。其上愛智郡へ推入り、笠寺と云う所要害《ようがい》を構へ、岡部五郎兵衛・かつら山※・浅井小四郎・飯尾豊前守・三浦左馬助在城。鳴海には子息九郎二郎入置、笠寺の並び中村の郷取出に構へ、山口左馬助居陣なり」（『信長公記』）

**かつら山**
葛山長嘉、播磨守。葛山氏は葛山城（静岡県裾野市）を拠点に、古くから東駿一帯に勢力を誇った土豪。今川氏が没落すると武田氏に属したが、その滅亡に伴い葛山氏も亡んだ。桶狭間の合戦では一族も今川方として参戦、その多くが討ち死にしている。

「天文弐十弐年癸丑《みずのとうし》四月十七日、織田上総介《かずさのすけ》信長公十九の御年の事に候。鳴海の城主山口左馬助・子息九郎二郎、廿年《はたちのとし》、父子、織田備後守殿（注・信秀）御目を懸けられ候処、御遷化《せんげ》候へば程なく謀叛を企て、駿河衆を引入れ、尾州の内へ乱入。沙汰の限りの次第なり。

一、鳴海の城には子息山口九郎二郎を入置き、

一、笠寺へ取出《とりで》・要害《ようがい》を構へ、かづら山・岡部五郎兵衛・三浦左馬助・飯尾豊前守・浅井小四郎、五人在城なり。

一、中村の在所を拵《こしらへ》、父山口左馬助楯籠《たてこもる》」（『同』）

左馬助が寝返ったのは信秀の死んだ年、天文十八年（一五四九）、信長十六歳のときだった。赤塚の戦いが起きたのはその翌年で、「天文弐十弐年」は信秀の遺言である「秘喪」を守って三年間遅らせて書かれたものである。左馬助は鳴海城に子の九郎二郎を置き、笠寺に砦を築いて今川勢を引き入れ、自らは在所を城にして防備を固めた。

若い信長に最大の試練が訪れたが、早くもここで大器の片鱗を見せる。赤塚の戦いで左馬助を破り、山口一族を全滅させるほど痛め付けた。しかし、左馬助に

公園化された沓掛城跡

寝返られた恨みは大きく、また、義元に侵入の機会を与えたのは後々まで痛手となった。

桶狭間の合戦はこの十一年後のことになるが、『信長公記』の著者太田牛一は桶狭間の戦いを書く中で「天文二十一年壬子《みずのえね》五月」と三回も使っている（実際は永禄三年・一五六〇）。この年こそ同書が三年間遅らせた信秀の死亡した年であり、左馬助が義元のもとに走ったとする年でもある。牛一は信長の胸中を汲んで、桶狭間の原因も左馬助にあると言いたかったのだ。

少し先走ることになるが、この合戦のとき、義元に味方する「うぐゐうら」（弥富市鯏浦町）の服部左京助が登場してくる。「義元へ手合せとして、武者船千艘ばかり、海上は蛛《くも》の子をちらすがごとく、大高の下、黒末川迄乗入れ候」（『信長公記』）。沓掛・鳴海さらには笠寺・中村をも手にした義元がわざわざ鎌倉街道をはずれて大高をめざしたのも、それには左京助との連携による思いもよらぬ秘策があったからである。

# 第五章　『信長公記』の書く赤塚の戦い

# 一、跡継いだ信長が自力で挑んだ戦い

## ●信長、左馬助の寝返りに怒りの反撃

織田信秀が死んだ天文十八年（一五四九）、信長十六歳のときに鳴海城の山口左馬助が寝返り、翌年、信長は城を守っていた子の九郎二郎と赤塚で戦うことになった。赤塚は緑区の町名になっていないが、後世に作られた新海池《にいのみいけ》のある一帯で、近くには赤塚古墳跡もある。ここで行われた赤塚の戦いを『信長公記』全文で見てみよう。

「天文弐十弐年癸丑《みずのとうし》四月十七日、織田上総介信長公十九の御年の事に候。鳴海《なるみ》の城主山口左馬助・子息九郎二郎、廿年《はたちのとし》、父子、織田備後守殿（注・信秀）御目を懸けられ候処、御遷化《せんげ》候へば程なく謀叛《むほん》を企て、駿河衆を引入れ、尾州の内へ乱入。沙汰の限りの次第なり。

一、鳴海の城には子息山口九郎二郎を入置き、

一、笠寺へ取出《とりで》・要害《ようがい》を構へ、かづら山・岡部五郎兵衛・三浦左馬助・飯尾豊前守・浅井小四郎《あざゐ》、五人在城なり。

一、中村の在所を拵《こしらへ》、父山口左馬助楯籠《たてこもる》。

か様に候処、四月十七日、

一、織田上総介信長公十九の御年、人数八百ばかりにて御発足、中根村（注・瑞穂区中根町）をかけ通り、小鳴海（注・緑区古鳴海）へ移られ、三の山（注・緑区鳴海町字三王山）へ御あがり候処、

一、御敵山口九郎二郎廿の年、三の山の十五町東、なるみより北赤塚の郷へはなるみより十五・六町あり。九郎二郎人数千五百ばかりにて赤塚へかけ出し候。

先手足軽《さきて》、

清水又十郎・柘植《つげ》宗十郎・中村与八郎・萩原助十郎・成田弥六・成田助四郎・芝山甚太郎・中嶋又二郎・祖父江《そぶえ》久介・横江孫八・あら川又蔵、

是等を先としてあかつかへうつり候。

一、上総介信長、三の山より此よしを御覧じ、則、あか塚へ御人数よせられ候。

御さき手あしがる衆、

あら川与十郎・あら川喜右衛門・蜂屋般若介《はんにゃのすけ》・長谷川橋介・内藤勝介・青山藤六・戸田宗二郎・賀藤助丞、

敵あひ五間・六けん隔て候時、究竟《くきよう》の射手共《ども》に矢をはなつ処、あら川与十郎、見上《みあげ》（注・兜の顎の当たる部分）の下を箆《の》ぶか（注・箆深）に射られて落馬したる処を、かゝり来つて、敵がたへすね（注・脛か）を取て引くもあり、のし付（注・金銀類の延べ板を鞘に付けたもの）のつかのかたを引くもあり。又こなたよりかしらと筒躰《どうたい》（注・胴体）引合ふ。其時与十郎さしたるのし付、長さ一間、ひらさ（注・広さ）は五・六寸候つる由なり。さやのかたをこなたへ引き、終《つい》にのし付・頸・筒躰共に引勝つなり。巳の剋《こく》（注・午前十時）より午の剋（注・正午）迄みだれあひて、扣《ひかへ》合ひて退《の》き、又まけじおとらじとかゝつては扣合ひ扣合ひ、鑓下《やりした》にて敵方討死。

萩原助十郎・中嶋又二郎・祖父江久介・横江孫八・水越助十郎、あまり手近く候間、頸は互に取り候はず。

一、上総介信長公衆討死三十騎に及ぶなり。

方はるか中央部に見える森が笠寺一帯

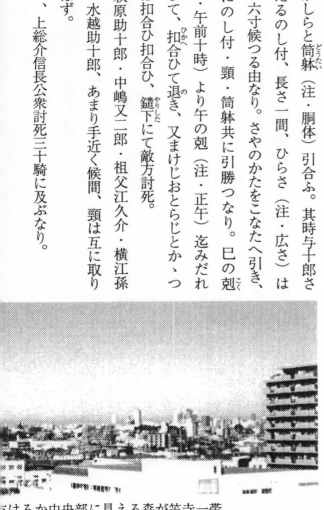

一、あら川又蔵こなたへ生捕《いけどり》。
一、赤川平七敵かたへ生捕候なり。
入乱れて火花をちらし相戦ひ、四間・五間をへだて折敷《をりしい》て、数剋の戦に、九郎二郎はうわやりなり。其比《ころ》うわやり下鑓※と云ふ事あり。いづれもみしりかへし（注・互いに見知り合い）の事なれば、互にたるみ（注・油断）はなかりけり。折立て（注・降り立つの宛字、下馬する）の事にて、馬共は皆敵陣へかけ入るなり。是又少もちがひなくかへし進上候なり。いけどりもかへかへなり（注・交換し合った）。去《さ》てその日御帰陣候なり。

**上鑓・下鑓**
敵と交戦するとき、相手の鑓の柄を自分の鑓の柄で下に押さえ付けるのが上鑓で、下鑓はその反対になる態勢。上鑓が有利になることは言うまでもない。これをわざわざここで書いているのは何か特別の意味があると思われるが、その真意は不明。

## ●三年遅らせ、大した戦いではない書き方

『信長公記』は「秘喪」のため信秀の死を三年間遅らせており、ここでも赤塚の戦いのあった年を「天文弐十弐年癸丑四月十七日」としている。これまではこ

三王山（千句塚公園）から笠寺方面を望

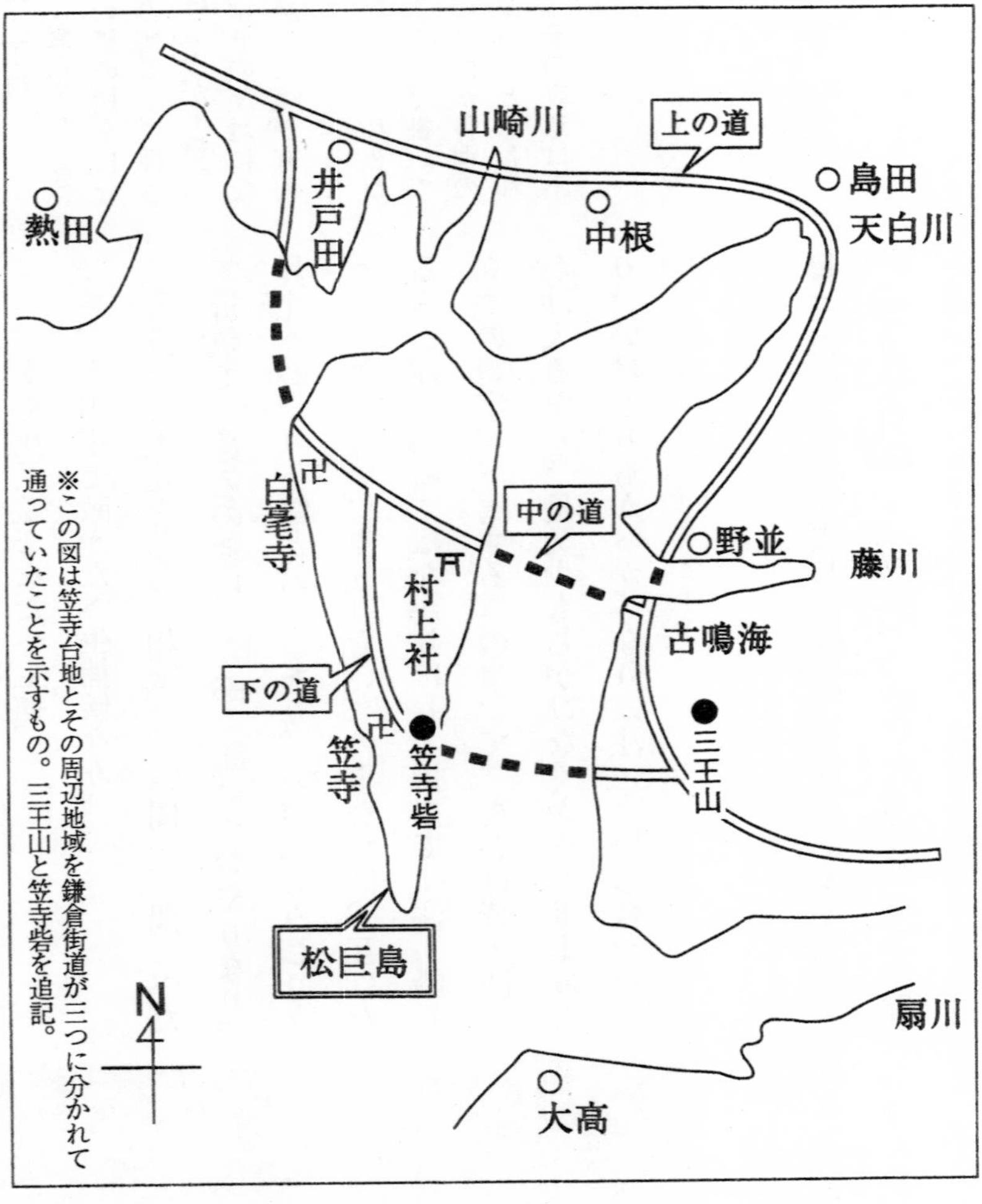

※この図は笠寺台地とその周辺地域を鎌倉街道が三つに分かれて通っていたことを示すもの。三王山と笠寺砦を追記。

拙著『織田信長が駆け抜けた道』より

**松巨島と古代の道**

川に沿って海が湾入し、笠寺台地は島のように見えた。ここに示した古代の海岸線は推定の域を出ないが、交通の難所だったことは十分うかがえよう。遠浅の海はその後、海退と上流からの土砂で陸地化してゆく。

の記述が正直に受け止められ、合戦の年も天文二十二年として扱われてきたが、実際に行われていたのは信秀の死んだ翌年、天文十九年だった。また、天文二十二年なら信長は二十歳であるべきだが、前年の寝返ったとしたときの年齢十九歳を持ってきて、それへの怒りをあらわにしている。

偉大な信秀の死により、信長はピンチに立たされた。西三河は奪い取られ、左馬助らには寝返られた。当時、〃うつけ者〃の信長よりも行儀のよい弟の信行の方が評価は高く、御器所城主の佐久間大学盛重や柴田権六勝家、前田一族なども信行に仕えていた（利家が信長に仕えたのは万が一に備えた〃保険〃だった）。

信長八百の兵は中根村から小鳴海を経て三の山へ進出した。三の山はいま三王山と言われ、芭蕉ゆかりの千鳥塚のあることから千句塚公園として整備されている。鳴海周辺にある二十八の山々は合わせて鳴海山と総称され、三の山もその一つに数えられていた。

桶狭間合戦で義元が「おけはざま山に人馬の息を休め」（『信長公記』）とあるが、ここでも桶狭間山という固有名詞の山があったわけではない。これも鳴海山の呼び名と同様、桶狭間周辺の山々を指す総称だった。狭間とは谷とか谷間のことで、これが山の名称にはなり難い。

信長はなぜ三の山＝三王山へ登ったのか。山口左馬助の中村城を攻撃するためなら、これでは方向が違う。鳴海城へ向かうのであればここからは見えないし、わざわざ登ってみても意味がない。中村城と鳴海城とのつなぎの砦である笠寺砦の攻撃をもくろんでいたのだ。

三王山から西方を見ると、天白川を隔てた向こうに小高くなった笠寺台地が望める。古代には海が湾入して島のように見えたことから「松巨島《まつこじま》」の名もある。信長はそこにできた笠寺砦を攻撃しようと視察したわけだが、気付くと南方から駆け付けてくる九郎二郎の軍勢千五百が見えた。

両者は赤塚で合戦となり、前記のような展開になった。戦いは火花を散らす接近戦であり、しかも、たがいに知り合い同志の仲である。『信長公記』は双方とも首は取らず、敵陣へ逃げ込んだ馬や生け捕りにした兵は交換し合い、引き分けのような形で終わった、としている。

しかし、別の史料から検証すると、そんなに生やさしいものではなかった。同書からは赤塚での局地戦としか読めないが、名古屋南部に根を張った山口一族を壊滅させるほど激しいものだった。信長は寝返った左馬助に、いかに怒り心頭だったかが分かってくる。

## 二、赤塚と同時進行した〝もう一つ〟の戦い

### ●左馬助一族つぶしに出た信長の怒りと戦法

天文十八年（一五四九）、織田信秀が亡くなると、山口左馬助が今川義元側に寝返った。竹千代と信広との交換を終えた後でのこと。左馬助は信秀・義元両者の意を受けて交渉に当たっていたが、信秀の跡を継いだ信長はこれにまったく応じず、不信感が高まっていた。

左馬助は在所の中村を城に造り替え、笠寺にも新たに砦を築き、鳴海の城には息子の九郎二郎を入れた。これまで味方だった者が敵になり、しかもその最前線に立つことになった。これによって義元は一気に名古屋南部にまで進出できた。

信秀の死んだ年、これは信長十六歳のときの天文十八年に当たる。赤塚の戦いは『信長公記』首巻が「天文弐十弐年癸酉《みずのととり》四月十七日」と書くが、実際は信秀の

死んだ翌年、同十九年四月十七日、信長十七歳のときに起きている。天文二十二年なら二十歳でなくてはならない。同書は前回に見た通り大した戦いではなかったように書いていたが、信長にとっては寝返られたことで怨み骨髄の復讐戦だった。

首巻の〃偽装〃を初めて見破ったのが『証義・桶狭間の戦い』の著者尾畑太三氏である。それを解くヒントになったのは周防国大内氏の流れを記した「山口系図」だった。そこには名古屋へ流れてきた任世《ただよ》（初め〃笠寺〃笠覆寺に入り、後に還俗）以下の人たちの名前と簡単な事績などが記されていた。

赤塚合戦が起きたのは任世の曾孫の世代になる。重俊には「寺辺（注・寺部）城主天文十九年四月十七日尾州松本砦に戦死」とあり、その兄俊良、弟良真にも「同じく戦死」と書かれている。左馬助については「尾州鳴海城主今川義元と通じ密謀の故織田信長公のために尾州に殺される」とあり、子の九郎二郎に書き込みはないが、その後に登場してこないことなどから、赤塚合戦で亡くなったものと見られる。

この記述から読み取れるのは①赤塚の戦いは単なる局地戦ではなかったこと②

# 山口系図（多多良世系録より）

- 大内弘世
  - (18) 義弘　応永六年死
    - (22) 持世　嘉吉元年
      - (23) 教弘　寛正六年病死
        - (24) 政弘　明応四年病死 ……
    - (21) 持盛　永享五年逝
      - 教幸　豊前国馬嶽に死す
        - 任世　多門院と号す　笠覆寺に蟄居す
          - 盛幸　山口孫太郎　修理進
            - 安盛　左近大夫　尾州笠寺城主
              - 宗可　左近大夫　笠寺城主　本岳院　善慶宗可
                - 盛隆　海老丞　母盛重女　濃州において戦死　年三十一　少圭道林
                  - 盛昌　四郎三郎　寛永十九年十一月二十三日逝す時に年八十六
                    - 守正　実は盛昌の孫　九郎右ェ門尉
                  - 女子　三浦弥五左ェ門尉正次の母
                - 宗幸　源十郎　元亀三年十二月二十二日　遠州三方原に戦死す　年二十七
        - 獅子丸
        - 加嘉丸
      - 教弘　六郎　伯父持世の家を継ぐ
  - (19) 弘茂　応永十年　長州において殺さる
  - 盛見　永享三年戦死

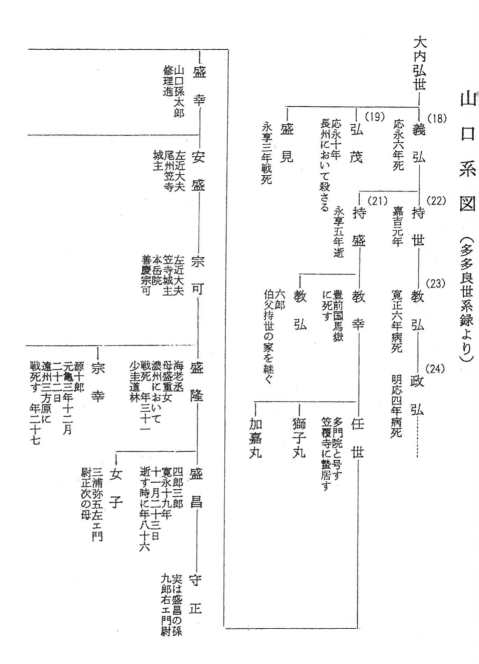

**盛重**
巌丸、将監
尾州寺辺城主
尾州に病死す
時に年六十一
傑峯院天翁宗先

**教政**
孫右ェ門尉
法名　大円良覚

**女子**
丹羽右近大夫
氏識妻
慶長八年八月十七
日逝す　時に年九十
六法名　勝友妙善

---

**盛政**
巌丸、平兵ェ尉
天文十一年八月十日
三州小豆坂に戦う後
信秀の家を出て他邦に
赴く……後佐久間信盛
の先鋒となってその軍
を指揮す
天正八年八月十五日江
州永原に病死す年六十
一

**俊良**
沙門
弟重俊と同じく戦死

**某**
甚左ェ門尉

**女子**
荒川新八郎妻

**某**
甚兵ェ尉
後弥五兵衛
尉という

**某**
甚左ェ門尉

**某**
仁兵ェ尉

---

**重政**
竹丸、長次郎
半兵ェ尉、但馬守
修理亮
母は岡部彦九郎
正房の女
永禄七年二月二十五日
生る

**政成**
万千代丸、平七郎
天正十年六月五日
濃州北方に戦死す
時に年十七

**重克**
小平次
元和元年五月七日
戦死年三十六

**女子**

**女子**

**女子**
村上九郎兵衛尉正吉妻
天正七年三月二十六日
尾州において逝す　橋本十右ェ門尉
八重好妻

**女子**
小字於俊　橋本勘兵ェ尉光以妻
永禄十二年二月九日星崎に生る
明暦三年五月七日江戸において
逝す年八十九　安昌院荷屋貞円

---

**重信**
長次郎、伊豆守
元和元年五月六日
討死、年二十六

**重長**
嶋之助

**弘隆**
半兵衛尉、但馬守

**重恒**
半左衛門尉、
備前守

**女子**
高木主水正
正成の妻

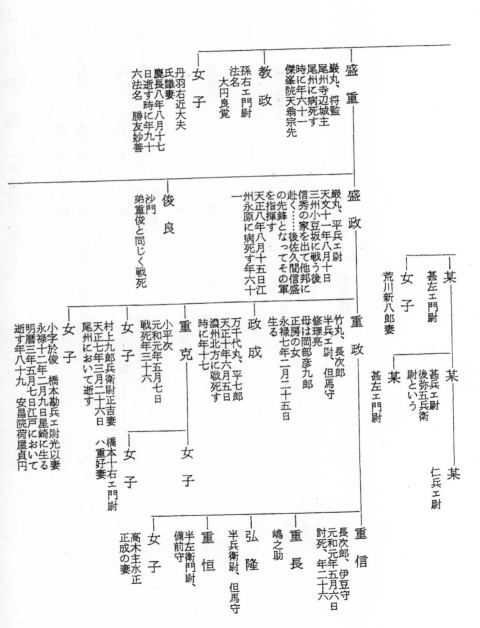

- 重俊　内蔵　寺辺城主　天文十九年四月十七日　尾州松本城砦に戦死
  - 重勝　清蔵、半左エ門尉　剃髪して松雲という　母は盛仲の女　後星崎城主となる　文禄四年七月二十八日　自殺す年四十七
    - 信勝　津田十三郎　母織田弾正忠信秀の女　寛永九年六月十日　四十四
      - 勝弘　松右エ門尉　正保四年十一月八日　逝す年五十九
      - 女子　水野備後守介妻　寛永九年十一月二十九日参州において逝す年五十九　慶照院養月請安
      - 女子　文禄四年八月二日　三条河原に殺さる　年十九
      - 女子　野尻九右エ門尉妻　寛文十二年四月二十六日　江戸において逝す年八十
- 良真　沙門、民部卿　兄重俊と同じく戦死
- 重成　平八郎、将監　天文十三年五月二十一日　逝す法名浄蓮
  - 女子　宮殿と号す　熱田社僧幸信妻　慶長十八年正月二十三日逝す
- 重範　牛介
  - 重行　金左エ門尉
  - 女子
- 女子　加藤与六郎妻
- 女子　上（植）田殿と号す横地越後守妻
- 女子　取隅殿と号す成田長右エ門尉母
- 女子　左近大夫宗可妻
- 女子　浅田殿と号す
- 女子　烏森殿と号す
- 女子　戸田殿と号す
- 女子　鳴海殿と号す　戸田彦七郎母　慶長十五年五月二十二逝す
- 女子　川内殿と号す

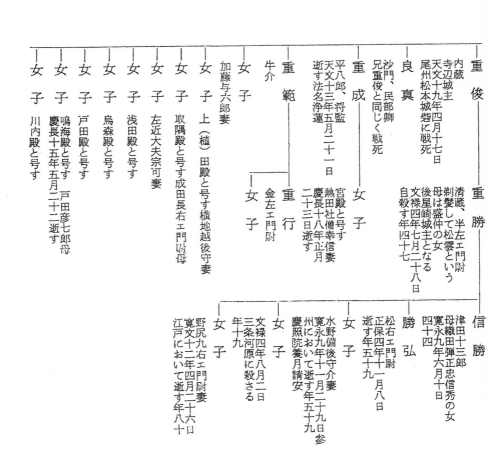

- 教仲（山口孫次郎）
  - 盛仲（六郎四郎　法名寿楽）
    - 仲政（六郎四郎　天正四年五月三日　摂州木津に戦死す）
    - 女子（内蔵重俊妻）
    - 女子
  - 教房（太郎左ヱ門尉　尾州中村城主　法名　固山宗賢）
    - 教継（左馬助　尾州鳴海城主今川義元と通じ密謀の故織田信長公のために尾州に殺さる）
      - 教吉（九郎次郎）
    - 教高（又兵衛尉）
    - 教久（仁兵衛尉　野並と号す）
      - 久次（五郎左衛門尉　実は水野氏の子）
    - 大夫房
    - 女子（尾州松本城主愛智妻）
    - 女子
    - 女子

名古屋郷土文化会「郷土文化」
「戦国期の笠寺山口氏について」より
版下『証義・桶狭間の戦い』

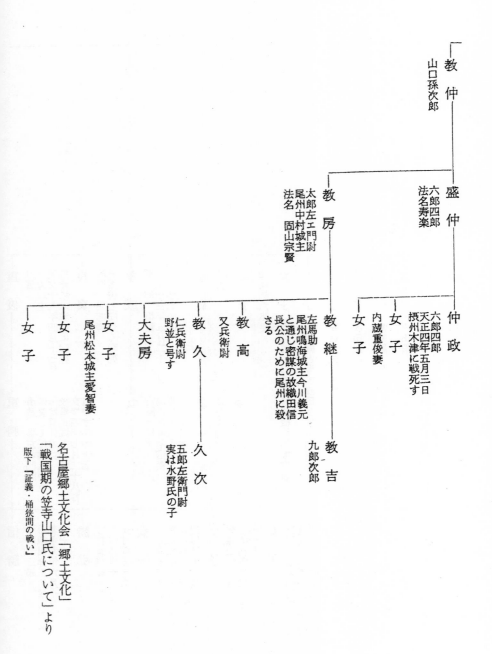

信長とは別の一隊が左馬助らの拠点を攻撃していたこと③赤塚の戦いも激戦で左馬助も九郎二郎もこのとき討ち死にしていること④著者の太田牛一はこれらの事実を知りながら三年間遅らせて書いていたこと（月日はそれに合わせている）、さらには⑤信秀生前の「正月十七日」に起きたとする犬山勢による春日井原への侵攻も（正しくは死後の三月）信秀の死に関連するとしていたこと（「十七日」と同じ日を使っている）などである。『信長公記』首巻の記述は信秀の遺言に従って喪を三年間隠しており、記述をそのまま素直に受け入れることはできない。

## ●織田家棟梁として家臣の求心力に

信長は笠寺の砦を攻撃しようと、それを見下ろせる「三の山」へ登った。「人数八百ばかりにし御発足、中根村をかけ通り、小鳴海へ移られ、三の山へ御あがり候」（『信長公記』）。すると反対側の鳴海城から救援に駆け付けてくる「九郎二郎人数千五百ばかり」（同）の軍勢が見えた。笠寺砦攻めから急きょ予定を変更し、これを迎え撃ったのが赤塚の戦いだった。

信長の兵が八百では少なすぎる。このとき別のもう一隊が左馬助のいる中村城や一族の松本城、寺部城などを攻撃していたのだ。こちらの方が人数ははるかに多く、本隊とみるべきほどの軍勢だったはずである。

しかし、これについて『信長公記』は何も触れておらず、また他の史料などに記述したものもない。これがどう動いたかは分からないが、先の「山口系図」により左馬助が死に、寺部城主の重俊と二人の兄弟も討ち死にしていることから、激戦であったことが読み取れる。こちらを率いていたのは信広の守る安祥城へ救援に向かった重臣の林通勝や平手政秀らではなかったか。末森城（千種区末盛）の信行が従っていたかどうかまでは分からない。※

『信長公記』は信秀の葬儀のとき（天文二十年、実は三回忌法要）の両者側の主立った参列者の名前を書き留めている。信長が普段着の歌舞いた服装で現れ、「抹香をくはっと御つかみ候て、仏前へ投懸けお帰り」（同）になる名場面だ。これは三年間の茶番劇などはもう終わった、これからは自分の意志でやってゆくとの〝独立宣言〟だったのか。

「三郎信長公、林（注・通勝）・平手（注・政秀）・青山※（注・不明）・内藤（注・勝介）・家老の衆御伴なり。

**織田信行の動向**

このころ信行は信長に従っていたと見た方がよい。天文二十一年からの清須攻めでも、配下の柴田勝家らが信長側に加わって活躍している。第八章参照。

**青　山**

信長の補佐役の一人に青山与三右衛門がいたが、天文十六年、信秀による稲葉山攻めのときに討ち死にしている（38頁参照）。その子になるのか。

鳴海城跡に祭られている天神社

御舎弟勘十郎（注・信行）、家臣柴田権六・佐久間大学・佐久間次右衛門・長谷川・山田以下御供なり」（『信長公記』）

それぞれの補佐役にこうした人たちの名が挙げられている。攻撃に出た別の一隊は彼らが率いていたのではなかったか。

信長の一隊が「三の山」に登ったのは笠寺砦を落とし、後ろ巻にして攻め上る作戦だったのだろう。わざわざ二隊に分けての出陣であり、連携プレーがなかったとは考えにくい。このとき笠寺砦を守っていた一人、岡部五郎兵衛が後に鳴海城へ移っているが、この戦いと関係があったのかもしれない。

『信長公記』は左馬助・九郎二郎父子を駿府に「召寄せ、御褒美は聊《いささか》もなく無情無情《むげむげ》と生害させられ候」と書いていた。これはあり得ない話で、真実を隠そうとした著者の作り話だ。信長は隊を二つに分け、山口一族を完膚なきまでにたたき、積もりに積もった鬱憤を晴らすことになった。

この戦いは信長の意志で起こされた最初のものとしても注目される。信長の初陣は十四歳のとき、三州吉良大浜でのこと。『信長公記』に「御武者始《むしゃはじ》めとして、平手中務丞（注・政秀）」のもと「所々放火候て、其日は野陣を懸けさせられ、次日、那古野に至て御帰陣」とある。まだ父信秀が健在なときで、形ばかりの〝お祝い行事〟だった。

しかし、今回の戦いは独り立ちした自分の、将来をかけてのものとなった。これに勝つことによって寝返った山口一族を葬り去る一方、織田家の新たな棟梁としての立場を高めるのにも成功した。しかし、これには今川義元がだまってはいなかった。

## 三、今川義元、早くも動く

### ●赤塚の戦い直後、義元勢、知多や八事へ進出

今川義元は山口左馬助が赤塚で敗れたことにより、中村城や笠寺の砦を失った。せっかく手に入れた前線基地をなくし、そのまま放置しておくはずがない。赤塚の戦いが天文十九年（一五五〇）だったことを知ると、その前後の義元の動きが

### 水野信近

忠政の死後、刈谷水野氏を継いだ。兄の信元とは必ずしも同一行動を取っていなかったようで、義元や道三とも連絡し合っていたと見られる。桶狭間合戦後、今川の家臣岡部元信に攻められて討ち死に。

読み取れる。

一般に信長と義元とが直接戦うのは桶狭間の合戦と思われがち。しかし、それは信秀の死後から十一年後、赤塚の戦いからは十年後のことだ。この間、義元が何もしないでいたはずがなかった。

天文十九年四月十二日、義元は緒川《おがわ》城の水野十郎左衛門に左記の書状を送っている。この年の四月十七日が赤塚の戦いのあった日で、その五日前に当たる。寝返った左馬助は信長との間でたえず緊張状態にあったのだろう。

「夏中に発進せしむべく候の条、其以前に尾州境へ取出（注・砦）の儀申し付け、人数差し遣わし候。然れば其の表の事、いよいよ馳走祝着為るべく候。尚、朝比奈備中守（注・能泰《やすよし》）申すべく候。恐々謹言。

四月十二日　　　義元

水野十郎左衛門尉殿」

水野十郎左衛門は忠政の子信近※で、三男に当たる。嫡男が信元で緒川と刈谷の城主を兼ねていた。父忠政の死後、水野氏は尾張側へ寝返っていたが、信近は今川になびく気配も見せていたか。先に見たように道三側も三河側に就くよう信近に働き掛けていた。

『定光寺年代記』は同十九年の記事に「尾州錯乱《さくらん》。八月駿州義元五万騎ニテ知多郡へ出陣す。同雪月（注・十二月）帰陣」とある。「尾州錯乱」を赤塚の戦いとすぐに決めつけるわけにはいかないものの、この年、尾張で動乱があり「五万騎」で知多郡まで軍を進めたというのである。その数といい在陣期間といい大変な数字と言えるが、これを裏付ける他の史料を見つけ出すことはできない。

その『定光寺年代記』には同二十一年の条に「三月九日に織田備後守死去、九月駿州義元、八事（注・名古屋市昭和区）まで出陣」ともある。信秀が二十一年に死んだというのは三年遅らせた年（万松寺の過去帳を信じて書いたものか。また、「三月九日」とする死亡日も違っている（信秀は三月三日に死亡）。

そのとき本当に義元が八事まで進出してきていたと

水野氏が勢力を誇った緒川城跡

### 清浄光寺

神奈川県藤枝市にある時宗の総本山。通称、遊行寺。一遍上人絵伝・後醍醐天皇画像などがあることでも知られている。遊行上人に就任した体光の記録があり、甲斐武田氏の日誌をもとにして書かれたとされる『高白斎（こうはくさい、著者名か）記』にも天文二十二年九月の条に「四日戊甲（中略）向尾張、義元出馬」とある。

したら、信長にとっては一大脅威になっていたはずだ。この年、義元は遊行上人二十九世に就任した他阿体光に祝儀を贈っているが、そのお礼の書状に「御祝儀万々珍重の至りに候。いよいよ国家繁栄の基に候。尾州に向って御発進、是又目出候」（清浄光寺※文書）とある。

これは義元の八事進出と関連があるかと思われる。しかし、いまのところそれを裏付けるような史料は他に見当たらない。当時、鳴海の城は持ち堪えていたと思われ、彼らが攪乱に出たという程度の話なら分からないでもない。

尾張側から見ると、義元の軍勢は義元本人としてしまいがち。桶狭間の合戦で『信長公記』は「今川義元沓懸《くつかけ》（注・豊明市沓掛）へ参陣」とあるのも、実際に来ていたのは義元自身ではなく、その軍勢の意味で使われている。このとき、義元は知立に留まっていたはずである。

いずれにしても、赤塚の戦い以後、義元はそれに対応している。「夏中に発進」し、「其以前に尾州境へ取出」を造ると十郎左衛門に手紙を送っていたが、それを築く場所がどこだったかも分かっていない。しかし、当初の予定より遅れはしたものの、『信長公記』の書く村木（東浦町森岡字取出）の砦はその一つに当たると言える。

## ●義元の進出を食い止めた村木砦の戦い

『信長公記』は「去程に」と書くのみで、正確な年号は分からない。岡崎に詰めていた駿河勢が重原城（知立市上重原）を攻撃、ここを足場に緒川へ向かい、緒川城近くの村木に砦を築いた。寺本の城（知多市八幡堀之内）は戦うこともなく人質を差し出し、緒川からは那古野城の信長のもとへ伝令がしきりである。

しかし、信長もすぐには動けなかった。城を空けるとその隙をねらい、清須勢が攻め寄せかねないからだ。そこで美濃の斉藤道三に助けを求め、出陣する留守を警護するよう願い出た。

天文二十三年正月十八日、道三は西美濃三人衆の一人、安藤伊賀守を大将に千人ばかりを送り出した。二十日には那古野城の北方、志賀・田幡（いずれも名古屋市北区）に陣を張り、信長は早速、伊賀守を訪ねて感謝の意を表した。

こうして不安を取り去ったうえで翌二十一日に出陣、この日は熱田に泊まった。明けて二十二日、荒天の海へ※船を漕ぎ出して知多の西岸にたどり着き、すぐさま

※荒天の海へ

この日は大風で『信長公記』は「御渡海成間敷（なるまじき）と水主（かこ）楫取の者申上候。昔の渡辺・福嶋（ともに大阪）にて逆櫓争ふ時の風も是程こそ候わめ」と書いている。梶原景時が退却に備えて逆櫓を付けるようにと進言したが、義経はこれを拒否して屋島へ向かった、そのときのような意気込みだったというのである。

信長が陣頭に立って挑んだ村木砦跡

水野信元の緒川城へ向かい、村木砦を攻める作戦を練った。

「一、正月廿四日払暁に出でさせられ、駿河衆楯籠《たてこもり》候村木の城へ取懸け攻めさせられ、北は節所（注・要害）手あきなり。東大手、西搦手《からめて》なり。南は大堀霞むばかりかめ腹（注・亀の腹のような形に積み上げた土塁）にほり上げ、丈夫に構へ候。上総介信長、南のかた攻めにくき所を御請取《うけとり》候て、御人数付けられ、若武者共我劣らじとのぼり、撞《つき》おとされては又あがり、手負・死人其数を知らず。信長堀端《ほりばた》に御座候て、鉄炮にて狭間《はざま》三ツ御請取りの由仰せられ、鉄炮かへかへ放させられ、上総介殿御下知なさる、間、我も我もと攻上り、塀へ取付き、つき崩しつき崩し、西搦手の口は、織田孫三郎殿（注・信光）攻口《せめぐち》。是又攻めよるなり。外丸《そとまる》一番に六鹿と云ふ者乗入るなり。東大手の方は水野金吾攻口なり」

（『信長公記』）

後の信長は後方に本陣を構えて指令を出すだけだったが、このころは最前線に立って死に物狂いで戦うのが常だった。信長は進んで攻めにくい南口を引き受け、

### 水野氏

緒川・刈谷水野氏の流れは複雑だが、忠政の主な子三人を挙げればこうなるか。

水野忠政
- 信元（嫡男）
- 信近（三男）
- 於大（広忠室）

西の搦手は信光、東の大手は水野金吾となった。戦いは薄暮にまで及び、双方ともに「手負・死人塚を築《つき》」（同）とある。

ここに出てきた「水野金吾」は別の個所で「水野下野守」の名でも出てくる。角川日本古典文庫『信長公記』はこれに水野忠政と註釈しているが、忠政はこのときすでに死んでいる（天文十二年没）。その子の信元のことである。

村木砦の攻撃は赤塚の記述と違い実に生々しく、しかも激戦であったことがよく分かる。この戦いで水野一族を支援し、今川氏の尾張進出を食い止めた意義は大きい。もし村木砦が存続すれば水野氏はどう動くか分からなくなるし、知多半島全域が今川氏の支配下になる恐れまであった。

『信長公記』の著者である太田牛一は信長の近くに侍り、同書首巻には天文二十二年（一五五四）の清須攻めと「弓三張の一人」として三人の中の一人に、そして、永禄八年（一五六五）の堂洞（岐阜県）の戦いの三回、その名が登場してくる。しかし、このときはまだ信長に仕えておらず、成願寺（名古屋北区）の僧だったはず。これは人から聞いて書き留めた話だが、同じ聞き書きにしても喪を隠して書いた赤塚合戦の表現とは随分違っている。

信長は翌日、寝返った寺本の城下に放火し那古野へ帰り、二十六日には守備した伊賀守の陣所を訪ねてお礼と報告をしている。道三は帰国した伊賀守から話を聞かされ、「すさまじき男、隣《トナリ》にはいやなる人に候よ」（同）とつぶやいたとある。

道三は信秀と激しく対立してきたのに、信長とはどうして良好な関係を結ぶことができたのか。

# 第六章　濃尾を結び付けた政略結婚

## 一、信長、斉藤道三の娘濃姫を正室に

### ●道三と和睦、信長と濃姫の結婚へ

今川義元が尾張への進出をねらい、村木に砦を築いた。信長はこれに対処するため、美濃の斉藤道三に那古野城の警護を頼んだ。清須勢が留守を突き、攻め入る恐れもあったからだ。

道三は信長の父信秀と激しく対立してきた。その道三が信長を支援するまでに、どのような過程があったのか。そこには亡くなる前の信秀による融和策への転換と、信長に対する特別の配慮があった。

『美濃諸国旧記』は「天文十八年（注・一五四九）の春に至り、信秀病気に取結びける故、早く存命の内結縁たるべしと、催促あるに付きて婚礼を急ぎ」と書き、道三の一人娘濃姫（注・胡蝶、帰蝶）が「同二月廿四日、尾州古渡（注・那古野とすべき）に入輿し、上総介信長の北の方（注・妻）とぞ相なりぬ」としている。しかし、明らかな政略結婚であり、事はそんなに簡単には運ばなかった。これは婚約の内定といった程度のものだった。

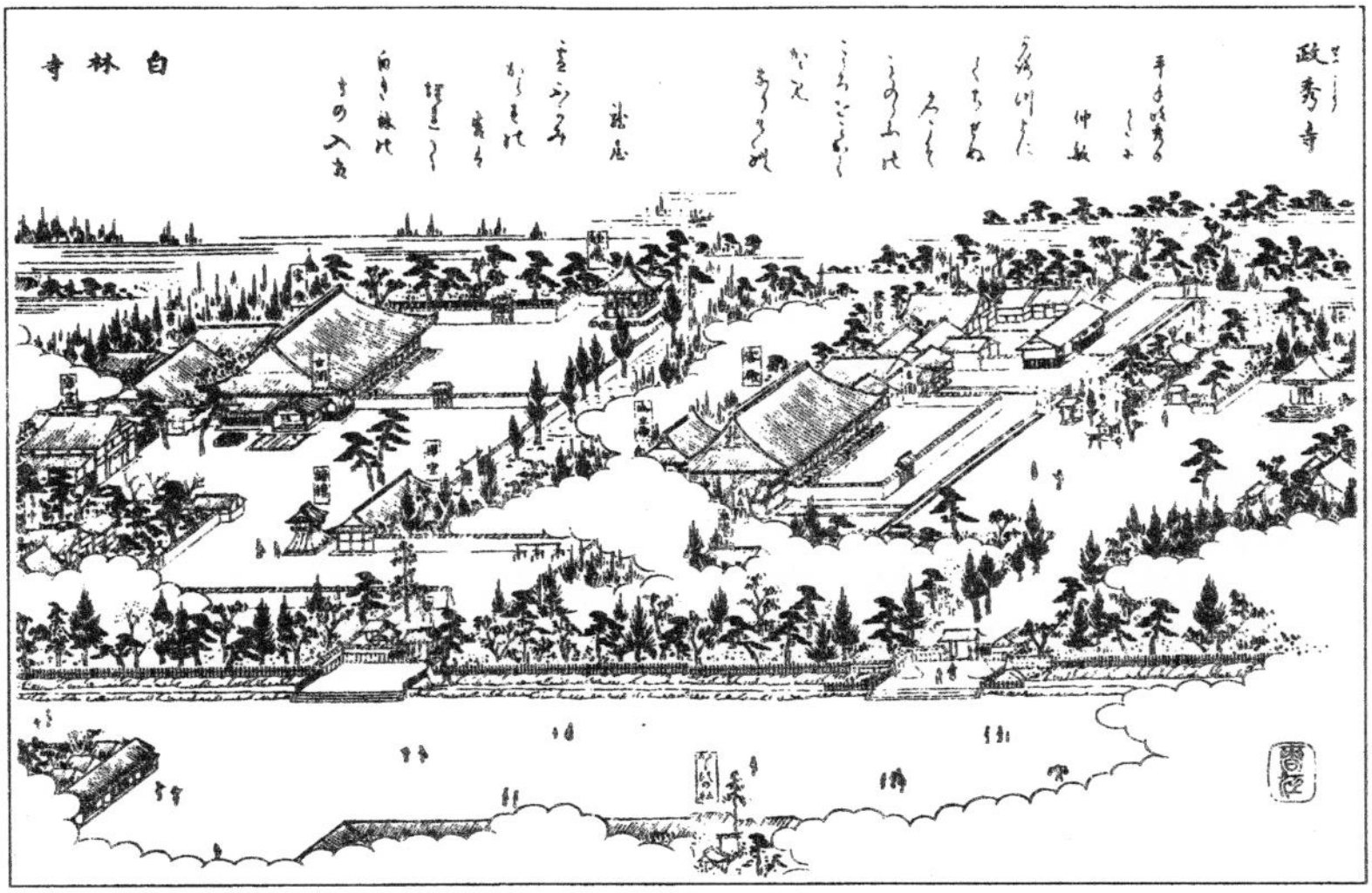


江戸時代の政秀寺（『尾張名所図会』より）

『信長公記』首巻には「上総介殿形儀《ぎやうぎ》の事」として「去《さ》て平手中務（注・政秀）才覚《さいかく》にて、織田三郎信長を斎藤山城道三聟に取結び、道三が息女尾州へ呼取り候キ。然る間何方《いづかた》も静謐なり」とある。この記述も信秀の亡くなる前の同十七、八年ごろと推定されるが、ここでも濃姫の輿入れがあったわけではない。同書の著者太田牛一はまだ信長に仕えておらず、確かなことは知らなかったか、知ってはいても書けなかったのか。

信秀の死は三年間、極秘にされた。この間に両者の結婚はあり得ない。話は水面下で進められたとみえ、『武功夜話』は次のように書いている。

「備後様（注・信秀）の御嫡子吉法師、上総介信長となる。濃・三の堺、いまだ治まらぬ間、尾州津島の住人、堀田道空と老職平手三位(注・政秀)、西美濃三家衆と共に相謀り、斉藤、織田両家の御縁組の取り持ちあり。

尾・濃の間を足繁く往来、ここに御目出度く成就候なり。備後様生前の御遺言あり。大人衆相謀り両三年待ち葬儀を取り行われ候。時に天文辛亥《かのとい》（注・二十年、一五五一）三月日の事」

葬儀は十八、十九、二十と数えた天文二十年三月に万松寺で行われた。実際は三回忌の法要ということになる。年が明けた同二十一年、信長と濃姫との婚約が平手政秀らの骨折りにより、正式に成立することになった。

「尾・濃の間を足繁く往来」とあり、これをまとめ上げるには双方の担当者がかなり苦労したようである。道三自身は娘の信長との結婚に、それほど積極的ではなかったのかもしれない。それを急がせたのは信秀側だった。当時の信長はまだ「うつけ」のままで、守り役の政秀は気掛かりで仕方がない。めでたい婚約の儀が整ったのを見計らい、その翌年、天文二十二年閏《うるう》正月十三日、信長へ五カ条の諫言を書き残し、志賀（北区志賀町）の屋敷で自害した。

政秀の死をその長男五郎右衛門と信長との不仲からとする説もある。これは『信長公記』の「総領の平手五郎右衛門能駿馬《よきしゅんめ》を所持《しょぢ》候。三郎信長公御所望《しょまう》の処、にくふりを申し、某《それがし》は武者を仕候間、御免候へと申候て進上申さず候。信長公御

## 平手政秀画像

上部に「平天」の文字が朱筆で大書され、左側に辞世「身のはて丶霞も志賀の花ころも よろいにかへぬ死出のかりきぬ」と「平手中務大輔源政秀 齢六十二 自終とて候」、右側に「天文廿二癸丑潤正月十三日東雲 尾張国志賀郷 我が住馴し城において信長公をふかく諫め 自らつらぬる五章とともにたまのをも公の為に奉りて」などとある。(野口家蔵)

遺恨《ゐこん》浅からず。度々思食《おぼしめし》あたらせられ、主従不和となるなり」の記述から来るものだ。しかし、息子の馬を巡るくらいの対立で、命まで捨てるとは考えにくい。

政秀の死には信長への諫言が第一義であっただろうが、山口左馬助へのわびも含まれていたのかもしれない。信長の守り役という立場にありながら、その過激な行動を止められなかった。『証義・桶狭間の戦い』の著者尾畑太三氏はこのような記述が持ち出されたのも、馬は馬でも左馬助の馬から来ているのではないか、と推察されている。

政秀の諫死に衝撃を受けた信長は以降、彼の示した諫言を守り、天下布武の道を突き進むことになる。また、政秀の菩提を弔うため沢彦宗恩《たくげんそうおん》を開山に、政秀の所領であった小木村（小牧市小木）に政秀寺を創建した。寺は後に清須へ移り、名古屋開府の折、現在地（中区栄三）に来ている。

## ●道三、聖徳寺の会見で信長の器量を見抜く

一方の道三は娘の婚約を済ませたものの、「うつけ」とうわさの信長には疑心暗鬼だった。信長の器量を確かめてみる必要があり、道三から信長側へ会見を申し

**聖徳寺**
親鸞より七種の宝物を賜った由来により、鎌倉後期に尾張国大浦（岐阜県羽島市）に創建された。その後、富田・苅安賀（ともに一宮市）、また大浦へ戻り、さらに清須・名古屋へと移転。山号は七宝山、真宗大谷派。

込んだ。信長は後ろ盾の政秀を失い、独り立ちできるのか。取るに足らぬ人物なら婚約を破棄してでも、尾張へ攻め込む考えまであったのかもしれない。

天文二十二年四月下旬に行われた聖徳寺※での会見は『信長公記』の記す名場面の一つだ。これまで多くの書がこれを輿入れした後のこととしてきたが、すでに嫁がせていればその必要はない。婚約はしたものの、濃姫は依然として道三の手元にいる。

「上総介公御用捨《ごようしゃ》なく御請をなされ、木曽川・飛騨川・大河舟渡し打越し御出で候。富田（注・一宮市萩原町富田）と申す所は在家《ざいけ》七百間《軒》これあり。富貴の所なり。大坂《おさか》より代坊主を入置き、美濃・尾張の判形《はんぎやう》を取り候て免許の地なり。斎藤山城道三存分《ぞんぶん》には、実目になき人の由取沙汰候間、仰天させ候て笑はせ候はんとの巧《たくみ》にて、古老の者七、八百、折目高なる肩衣・袴、衣装公道なる仕立にて、正徳寺（注・聖徳寺）御堂の縁に並び居させ、其のまへを上総介御通り候様に構へて、先《まず》山城道三は町末の小家に忍居て、信長公の御出の様躰を見申し候」（『信長公記』）

道三は「たわけ」と評判の信長を嘲笑してやろうと、古老の者七、八百人に正

富田にあったころは寺内町を形成していたことをうかがわせ、また、木曽川にも近かったことから会見場所に指定されたのだろう。一部に苅安賀だったときのこととする説も出てきているが、それでは尾張の奥深くへ入りすぎているのではないか。

装させ、その前を歩かせようとした。そして、自らは町はずれにある小屋に隠れ、信長がどんな姿でやってくるのか事前に見届けることにした。
すると、茶筅の髪を巻き立て、湯帷子《ゆかたびら》の袖をはずし、腰の周りには火打ち袋、瓢箪七つ八つを付けた、いつも通りの格好でやってきた。供の者は足軽を先頭に、

小屋に隠れのぞき見する道三
（岐阜市歴史博物館蔵）

朱槍や鉄砲を持った七、八百人ばかり。これを見て道三は「うわさ通り」と思ったが、いざ会見の席へ出てみると宿舎で正装に改めたとみえ、見事なまでの姿になっていた。

「去《さ》ては此比《このごろ》たわけを態《わざと》御作り候よと、肝を消し、各《おのおの》次第次第に斟酌《しんしゃく》仕候なり。御堂へするすると御出あって、縁の御上り候処に、春日丹後・堀田道空さし向ひ、は

やく御出でなされ候と申候へども、知らぬかほにて、諸侍居ながれたる前をするすると御通り候て、縁の柱にもたれて御座候。暫く候て、屏風を推しのけて道三出でられ候。又是も知らぬかほにて御座候を、堀田道空さしより、是ぞ山城殿にて御座候と申す時、であるかと仰せられ候て、敷居より内へ御入り候て、道三に御礼ありて、其まゝ御座敷に御直り候なり」（同）

信長は諸侍の居並ぶ前を通り抜け、縁の柱にもたれかかっていた。道三が屏風を押しのけて出てきても知らぬ顔だったが、道空が近付いて「これぞ山城殿でござる」と言うと「であるか」と手短に答えた。そして、部屋の中に入り、両者の会見が始まったというのである。

対面後、道三は「また会おうぞ」と言って分かれ、信長は二十町ほどの道を見送った。道三は自分たちの槍より信長の方が長かったのも面白くなかった。娘婿になる信長に初めて会い、ただならぬ人物と読んだ。

「途中あかなべ（注・岐阜市茜部）と申す所にて、猪子兵助《ゐのこ》※、山城道三に申す様《よう》は、何と見申候ても上総介はたわけにて候と申候時、道三申す様に、されば無念なる事に候。山城が子共、たわけが門外に馬を繋ぐべき事、案の内にて候とば

**猪子兵助**

名は高就（たかなり）。美濃土岐氏の流れを引く弥兵衛が猪子石村（名古屋市名東区）に移転、猪子姓を称した。子に才蔵（武田信玄に仕え、後に犬山の信清に）・二衛門（犬山信清に近仕）・兵助・加助（信長臣）の男子あり。兵助は道三、後に信長に仕え、天正十年、本能寺の変で討ち死に。子孫は母方の在所、朝日村（清須市）に居住する。

かり申候。自今《じこん》已後《いご》道三が前にてたわけと云ふ事申す人これなし」（同）

会見した翌年、天文二十三年一月、信長の村木攻め。感服した道三は信長の求めに応じ、那古野城警護の援軍を送り出すことになる。しかし、まだ娘を嫁がせてはいない。

猪子兵助
（『自由に使える戦国武将肖像画集』より）

## 二、濃姫輿入れの真相

### ●道三、殺される直前、濃姫を信長に託す

天文は二十三年（一五五四）で終わり、新たに弘治の元号となった。信長と濃姫との結婚を考えるとき、このころは双方ともに慌ただしい動きが見られる。たがいに婚約を交わしたものの、濃姫はいまだ父斉藤道三のもとにあった。

斎藤義龍（常在寺蔵）

道三には新九郎・孫四郎・喜平次の三人の男子がいた。道三は下の二人をかわいがったので、長男の新九郎はこれに不満を持っていた。道三が稲葉山の私邸へ下りた隙に、二人の弟を殺すことにした。おびきだしたときの様子を『信長公記』は次のように書く。

「新九郎外見無念に存知、十月十三日（注・弘治元年）より作病を構へ、奥へ引入り平臥候キ。霜月廿二日、山城道三山下の私宅へ下《ヲリ》られ候。爰にて、伯父の長井隼人正を使にて、弟二人のかたへ申遣す。趣、既に重病、時を期《マツ》事に候。対面候て一言申したき事候。入来《じゅらい》候へかしと申送り候」

長井隼人正の言葉を真に受け、二人は見舞いにやってきた。「まずは盃を」と酒肴を出しておき、日根野備中守が上座にあった二人を斬り殺してしまった。突然の知らせに仰天した道三は城下に火を放ち、山県《やまがた》の山中（山県市の大桑城か）へ逃れた。

親子の対立は決定的となり、翌年四月、道三と新九郎こと義龍との間で合戦が始まった。家臣の多くは義龍のもとにあり、四月二十日の長良川の戦い※で道三が首をはねられて決着した。信長は救援に駆け付けたが、これには間に合わなかった。

「（道三は）明る年四月十八日、鶴山（注・鷺山）へ取上り、国中を見下し居陣なり。信長も道三聟にて候間、手合《てあわせ》として木曽川・飛騨川舟渡し、大河打越し、大良（注・羽島市正木町大浦）の戸嶋東蔵坊構《かまえ》※に至て御在陣。銭亀《ぜにがめ》爰《ここ》もかしこも銭を布《し》きたるごとくなり」（『信長公記』）

このとき不思議なことに、おびただしいほどの銭亀が出てきたが、吉兆とはならなかった。助けに出向いた道三は討たれ、義龍の軍勢が襲いかかってきた。信長は自ら殿《しんがり》を買って出、鉄砲を撃って難を逃れることができた。

また、『信長公記』は今回の留守をねらい、「尾張半国の主《アルジ》織田伊勢守（注・信安）、濃州の義竜と申合せ、御敵の色を立て、信長の館《たち》清洲の近所下の郷（注・清須市下之郷）と云ふ村放火の由、追々注進あり」とも記している。岩倉はいまも美濃と密接な関係にあった。

**長良川の戦い**

この前日、道三は美濃一国を信長に与える旨の遺言状を書く。〝国譲り〟は実現しなかったが、永禄十年（一五六七）信長は実力で稲葉山を落としている。

**東蔵坊**

木曽川脇の大浦（岐阜県羽島市）にあった寺院。いま金矮鶏（きんちゃぼ）神社のある辺り。合戦になると砦として使われ、大浦城の名もある。

ここに出てくる「銭亀」について城を強化する作業中、銭を入れた瓶が出土したとの解釈がある。助太刀で緊急を要するときに、築城する必要があったのだろうか。

濃姫が輿入れしたのは道三が討ち死にする一カ月前、すなわち弘治二年三月のこと。わが身の行く末を案じて、娘を信長に託することにした。このときすでに婚約の内定から六年、正式な婚約からは四年の歳月が流れていた。

「美濃との御縁組、平手殿取り計らい候いて、御輿入れは弘治二年春三月と相定り増る。これは備後殿御逝去より五六年も過ぎたる後なり」（『武功夜話』千代女聞書）

濃姫は道三とその妻小見の方との間にできた娘。小見の方は長山城（可児市瀬田長山）の城主明智光継の子とされ、弘治二年九月、こちらも義龍の軍勢に攻められて落城している。『信長公記』の著者太田牛一はさすがの道三もこのころは「智慧《ちえ》の鏡も曇り、新九郎を耄者《ほれもの》（注・まぬけ）とばかり心得て、弟二人を利口の者哉《かな》と崇敬《すうぎやう》」していたと評している。

牛一は「知恵の鏡も曇り」と書いたが、二人の対決では家臣の多くも義龍側に回っている。道三が君臨してからは洪水や飢饉が起き、近江の六角氏や越前の朝倉氏からも侵略されていた。道三はこれらに対して有効な手を打てず、家臣たちの間で信頼感も薄らいでいた。

## ●大変！信長、生駒の娘に〃お手付き〃

これより先、信長は弘治の初めから上郡の生駒屋敷へ出入りするようになっていた。岩倉の信安は猿楽や歌舞音曲を好み、同好の信長も岩倉の城をしばしば訪れるようになった。『武功夜話』はその様子を「織田上総介信長様、この御方もまた猿楽、歌舞を愛好す。たびたび岩倉へ遊行、一家互いに言し歌舞を楽しみ、共に高歌す」と書いている。

信長の岩倉訪問には〃偵察※〃という下心があった。父信秀※は那古野城の今川氏と和歌を通じて交流、招かれたのを好機に城内外と呼応して奪い取っていたが、信長もそんな手口を考えていたのか。岩倉へ来たその足で、生駒屋敷にも立ち寄っている。

弘治二年、生駒家三代家宗《いえむね》の娘お類《るい》、後の吉乃※は夫の土田弥平治を長山城の戦いで失い、実家に戻ってきていた。湯茶などの接待をするうち、信長に見初められ、懇ろな仲となった。信長は濃姫を迎え入れる前に、うら若き戦争未亡人に一目惚れした感じである。

「上総介信長様、美濃斉藤道三入道の御息女（この人、胡蝶というなり）御縁

**偵察**
信長は弘治二年、弟の信行を稲生ヶ原（名古屋市西区）でやぶり下郡を平定、永禄元年には上郡の岩倉を攻めて尾張の統一に成功する。もっともこれは再統一とも言うべきもので、第一巻で見てきた通り、すでに敏定（清須二代城主）が統一に成功していた。

## 吉乃

『武功夜話』を世に出した滝喜義氏が信長の幼名「吉法師」から吉の方、「きつの」と読まれたが、本当は「よしの」だったのかもしれない。同書には「吉野」「吉濃」の名でも出てくる。

組以前に、郡《こおり》（注・小折）邑《むら》生駒蔵人（注・家宗）の女吉野女、上総介様の御手付きあり。この生駒の後家殿、土田弥平治討死候いてより、雲球（注・玄球、家宗）屋敷に罷りあり候ところ、上総介様、雲《玄》球屋敷へ御遊行、目を懸けなされ殊のほか御執心の揚句、上総介様の御たねを宿し罷り候なり」（『武功夜話』）

慌てたのは生駒家とその周辺の人たちだった。これが公になれば濃姫との婚約も破談になりかねない。これは秘中の秘とされたが、吉乃はすでに身ごもっている。

「雲球（注・玄球）一門中ともに相謀り、世上の誹《そし》りを慮《おもんぱか》り、丹羽郡井上庄（注・岩倉市井上町）の井の上屋敷へうつし隠し置き候なり。すなわち御嫡子奇妙様（注・信忠）、茶筅《ちゃせん》様（注・信雄《のぶかつ》）、この地において御生誕遊ばされ候」（同

亡くなる直後に描かれた吉乃（吉田家蔵）

同は吉乃を井上城の土田屋敷にかくまった。ここで弘治三年に信忠が、翌永禄元年に信雄が誕生している。続く同二年には徳姫と相次いで生まれることになるが、『武功夜話』は別のところで「御三子は何れも生駒屋敷において御誕生遊ばされ候」とも書いている。秘事だっただけに井上のことは書きづらかったのかもしれない。

正室の濃姫については多くの謎に包まれているが、『武功夜話』に出てくるこうした記述は貴重と言える。政略結婚だったので信長の愛情も少なかったかと思われ、また、二人の間に子供は生まれていない。これに反して信長が愛情を傾けたのはもっぱら側室の吉乃の方だった。

吉乃の墓

永禄六年（一五六三）、信長は犬山や美濃攻めを前に小牧山に城を築き、清須から移ってきた。久しぶりに生駒屋敷に立ち寄ると、吉乃はあまりにも変わり果てた姿だった。産後の肥立ちが悪かったのか、三度の食事ものどを通らない有様である。

「信長様、吉乃様をいたわりなされ、忙中疎遠ゆるしたもれ、かねての念願通り御台《みだい》の新居落成のうえは、新居においてゆるりと養生なされよ、と心情こもる御詞《おことば》を賜り、吉乃様、信長様の御手を拝し、病中ながら御気力ふりしぼり、御礼申し上げ候」（同）

吉乃は「御台」とあり、ここでは正室扱い。実際、小牧の新城でも吉乃が居並ぶ重臣たちの前で披露されている。手厚い看護のおかげで一時は小康状態を取り戻したが、永禄九年五月十三日、二十九歳の若さで帰らぬ人となった。

吉乃の菩提寺久昌寺《きゅうしょうじ》の縁起には「信長公は常に妻女を哀慕し、小牧城楼に登り、遥か西方を望み悲涙数行、嘆惜いまだやまず」とある。墓は東の小牧山に向けて建てられている。非情な信長が見せた数少ない愛情あふれるエピソードと言えよう。

ところで、濃姫の名は俗称に過ぎない。『武功夜話』は「胡蝶」とし、『美濃諸国旧記』には「帰蝶」とある。帰蝶は後に胡蝶が美濃へ帰ったことから出てきた名称ではなかろうか。

# 第七章　秀吉の謎、三つに挑む

## 一、秀吉誕生地の謎を解明する

### ●名古屋の中村に三つの誕生地が誕生!?

ここでは次代を担うことになる秀吉に関し、三点に絞って触れておこう。『信長公記』首巻にある墨俣築城に関し、秀吉の名が出てこないとし「秀吉による築城はなかった」とする説もある。しかし、同書の首巻全体を見ても、秀吉の名前が登場することは一度もなく、それを理由にすることはできない。

さて、秀吉の生地と言えば名古屋の中村、現在の中村公園（別名・秀吉清正公園）のある地とされている。園内には「豊公誕生之地」と彫られた記念碑が建ち、秀吉・清正を祭る豊国神社《とよくにじんじゃ》もある。しかし、秀吉の生まれた〝本当の〟場所はこより一キロほど南にある中村中町だった。

中村公園の東、細い道一本を隔てて、その名も太閤山常泉寺がある。古くはここが秀吉の誕生地とされ、境内には秀吉の銅像や産湯の井、子供のころに植えたというお手植えのヒイラギなどもある。尾張藩が編纂した『尾張志』にも「上中村にあり。常泉寺の境地となれり」などと記されている。

「尾張中村雑考」『郷土文化』第35巻第3号に収録。地元の利を生かし、わずかに残る記録や伝承などを掘り起こした労作。この項の多くはそれらを参考にしながら、新たに分かったことも含めて書き進めていく。

常泉寺のすぐ前（南）にあるのが正悦山妙行寺。この寺は加藤清正の誕生地とされ、清正堂《せいしょうどう》には清正が祭られている。こちらにも清正の銅像をはじめ、清正旧里の碑など清正ゆかりの品々がある。

江戸時代、中村は上中村と下中村とに分かれていた。秀吉の生まれた中中村は下中村に属していた。現在は中村中町と呼ばれ、一つの町名になっている。

明治に入って上中村の人たちの間から、秀吉を顕彰しようとの声が出てきた。明治十六年、県令の国貞廉平《れんぺい》はこれを受け入れ、自ら訪れて「豊公誕生之地」の標柱を立てた。わざわざ常泉寺から離したのは神仏分離の影響によるものだった。

同十八年には標柱の西側に豊国神社が創建された。そして、三十四年には周囲

名古屋の代表的な公園の一つ、中村公園

を公園化し、同四十三年には神社に清正を合祀し、さらに拡張されている。こうして上中村には秀吉の誕生地が二つ出来上がることになった。

しかし、〝本当の〟誕生地は下中村に属した中中村だった。昭和六年、中村尋常高等小学校（中村小学校の前身）刊の『郷土偉人研究』は上中村説を取り上げるとともに、ひかえめながら中中村説のあることを本で初めて公にした。中村中町にお住まいの横地清氏は昭和五十六年発行の『郷土文化』に「尾張中村雑考」※前頁と題して日ごろの研究成果を発表、異説とされてきた中中村誕生説がにわかに注目されることとなった。

中村中町（かつての中中村、江戸期の下中村の一部）には秀吉ゆかりの寺社や遺跡がひっそりと残されている。秀吉が生まれたとされる弥助（弥右衛門の通称）屋敷址、生母（後の大政所）の檀那寺だった西光寺、命日帳に「秀吉の娘《アネ》の子」※とある教秀が三世住職になった正賢寺、秀吉が手習いに通った光明寺、※母が安産を願った下中八幡社、小田原討伐の帰りに立ち寄った薬師寺、産湯の井戸のあった日之宮など。かつてはこれらに結び付けて秀吉の話が語り継がれており、それらを拾って世に出したのが小学校の先生方であり、郷土史家の横地氏だった。

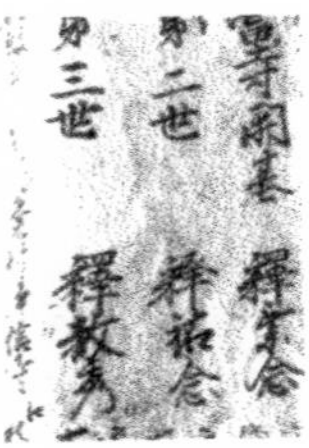


**秀吉の娘《アネ》の子**

「アネ」はとも（日秀）と解釈できるが、ともにこの名の子はいない。謎の人物だ。しかし、教秀が異例の扱いを受け、後に盛泉寺（常滑市）へ栄転している。写真は「命日帳」より。

**光明寺**

地元にあり、秀吉が幼いころ手習いに通った寺だが、出世を前に平田（西区）へ移り、忘れ去られていた。これが後に萱津（あま市）にある光明寺にあてられ、向こうで新たな伝説が生まれることになる。当の光明寺はいまは中村区道下町にある。

**木下姓**

木下の姓はおね（北政所）と結婚し、その兄の家定が木下を称していたことによるか。『武功夜話』ではそれ以前、中村藤吉の名で出てくる。中村先祖も中村姓を名乗っていたか。

上中村が顕彰に乗り出したのも、中村中町に顕彰碑を建てようとの動きがあり、それに対抗する形で始まったものだった。当時は上中村の方に有力者が多かったし、江戸時代から誕生地として〃公認〃されてきた。逆に、地元の下中村の方では上中村に奪われ、伝承も次第に時代とともに忘れ去られてしまった。

## ●松葉城の支配下〃戦乱の村〃中中村、混乱

秀吉の誕生地、中村中町には八畝（約二四〇坪）ほどの弥助屋敷と呼ばれる地があり、いまはそこに四軒の民家が建っている。弥助は弥右衛門の通称で、系図などに木下※とあるのは、秀吉が木下の姓を名乗った以後にさかのぼって付けられたものだ。

『武功夜話』は「藤吉郎生国は、尾州下の郡中々村在、親代々百姓をもって生業仕る村長《むらおさ》役人の家なり」としている。また、土屋知貞《ともさだ》の『太閤素生記』も「父

昭和初期の地籍図
■印は井戸の跡

豊清二公顕彰館――秀吉と清正についての資料館。展示室は常時公開されており、無料（特別展に限り有料・火曜休館）。二階は結婚式場になっており、ここで挙式した人は出世が早い?!
高畑八幡社
競輪場――大穴あてれば天下もとれる?!〝今太閤〟を願って多数のファンがやってくる。
豊公誕生之地
木下勝俊（長嘯子）誕生地
「豊公誕生之地」碑――碑の後ろの竹やぶは〝狐やぶ〟といい、中にはいるとバチが当たるといわれてきた。
常泉寺が秀吉の誕生地とされてきたが、明治になって記念碑を建立する際、神仏分離のため、わざわざ寺から離して西（公園内）に立てられてしまった。おかげでまたまた混乱…?!
常泉寺――その名も太閤山と号す。秀吉はこの地で生まれたといわれ、境内には〝秀吉産湯の井〟もある。また本堂正面にあるヒイラギは〝秀吉お手植え〟のものだったが、枯れていまは5代目だとか。

拙著『見た聞いた考えた豊臣秀吉大研究』より

秀吉は常泉寺のあたりで生まれたといわれ、明治になって県令(いまの県知事)の手で記念碑が立てられ、神社が造られ、公園にまでさせられてしまった。しかし本当はここでは生まれていなかった!! では、どこで生まれたのか？次ページをとくとご覧あれ。
中村のシンボル・大鳥居――朱塗り、高さ24メートル。名古屋市への合併を記念して昭和4年に建てられた。
九の市――毎月９日にここに市が立つ。この日は食品・雑貨などいろんなものがどっと並べられ、人でごった返す。庶民的な買物風景にあふれている。
アイス
「秀吉はこっちで生まれた
に決まっとる。変なこと
うもんでないわ、
アホ」と怒り出
した人もい
た。マイ
ッタ!!
中村公園
地下鉄
明治18年に豊国
され、その後、
して整備された。
かりの史跡が沢
小出秀政誕生地――
吉の母・大政所の
て出世したといわれ
秀吉ッさワシらぁ
エライことに
なっとるぜーも
おっかさまが聞かれたら
腰を抜かさっせるわ……
それにしても家康の
タヌキオヤジには
困ったもんだ
清正は熱心な日蓮宗信者。「南妙法蓮華経」の旗を掲げ、戦場を駆けめぐった。裏の常泉寺も日蓮宗で、いまは妙行寺の"末寺"になっている。
妙行
寺。
旧里

拙著『見た聞いた考えた豊臣秀吉大研究』より

こちらの村には「蔵を建てるな」と「教育をするな」という二つの伝承がある。前者は〝無年貢〟で農民たちは裕福になり競って蔵を建てたものの、それが後に取り消されてしまい「蔵にため込んでも先はどうなるかわからない」と思うようになったからだとか。後者の伝承は秀吉の出世によって字の書ける者がどんどん取り立てられていったが、その多くは戦死したり傷ついたりして、結局、最後まで生き残ったのは村に取り残されて百姓をしていた人たちだけだったことによる。

中村は昔ながらの道がまだいたるところに残されており、こんな感じの細い曲がりくねったところが多い。

下中八幡社――鎮西八郎為朝が創建したといわれる古社。秀吉の氏神で母・大政所はこの神社に安産を願ったという。拝殿などが新築され、なかなか立派な神社だ。

薬師寺――秀吉は小田原帰陣の折、立ち寄っている。明治になってここ
「銀杏小学校」が置かれ、当時の子
筆を洗ったという手洗い鉢も残って
薬師寺の門前にはお地蔵さまがある。

日之宮――通称〝日吉現権〟。若いころ大政所はここへ日参し、誕生したのが秀吉である。幼名を日吉丸といったのはこのためだとか。境内には〝秀吉産湯の井〟と称する井戸もあった。

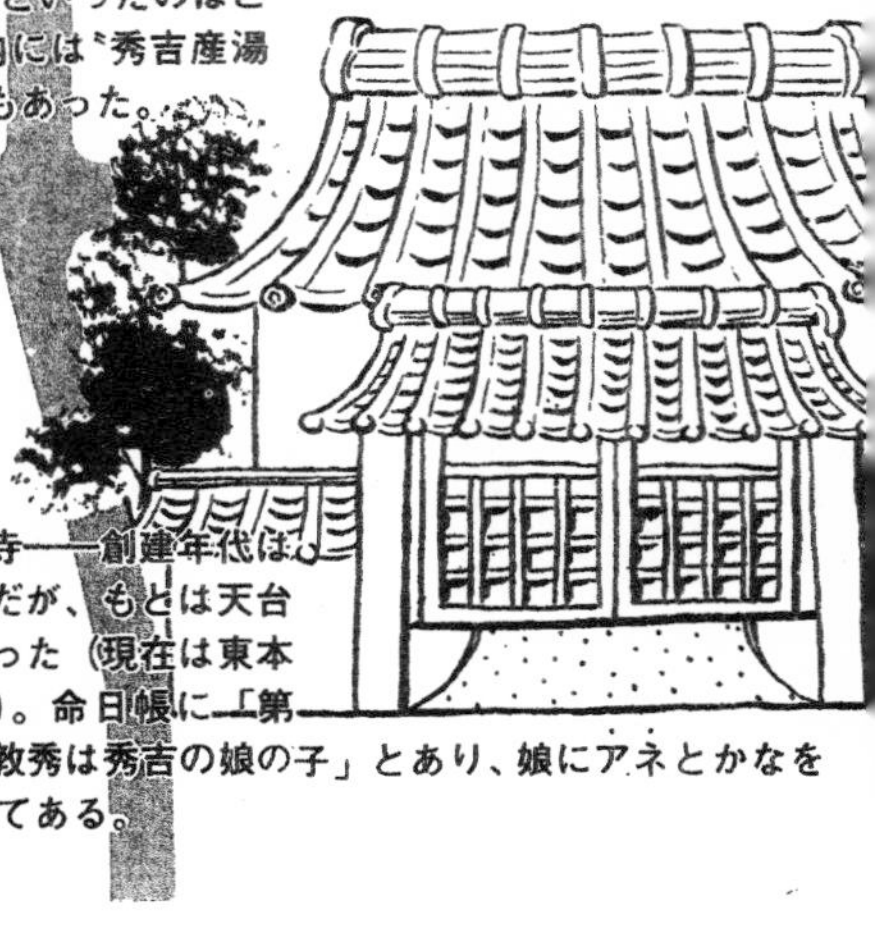

正賢寺――創建年代は不明だが、もとは天台宗だった（現在は東本願寺）。命日帳に「第三世教秀は秀吉の娘の子」とあり、娘にアネとかなをふってある。

木下弥右衛門は中中村の人」とする。子供らの結婚した相手先を見ても、それほど格下の家柄であったとは考えられない。

『尾三宝鑑』は秀吉の出自を「国吉―吉高―昌吉―秀吉」と書いている。初代の国吉は近江国浅井郡長野村の出身で、当初は比叡山で僧をしていたが後に還俗、ここ中村に移り住んだ。祖父吉高は「織田達勝に仕ふ」、昌吉は父弥右衛門のことで「織田備後守信秀に仕ふ」とある。弥右衛門を鉄砲足軽だったとする説はあいまいだが、兵農分離が進んでいない当時は村の有力者だったと見て間違いない。

こうしたことが記録にありながら、どうして誕生地が上中村の方へ行ってしまったのか。※それには大きな理由が二つ考えられる。一つは家康による中中村の弾圧、もう一つは初期の尾張藩による調査の間違いだ。

家康は政権を取ると京都の豊国神社を棄却したように、秀吉の誕生地中中村にあるゆかりのものを抹殺しようとした。関係する寺社は打ち壊され、過去帳や宝物類も没収された。寺社に対しては特に厳しく、一時は目立ったものはなくなってしまった、とまで言われているほどである。

**伝承の消滅**

桑田忠親著『秀吉研究』には、江戸時代に入って秀吉関係の著述や出版物の発行が禁じられ、その禁を破る者は刑罰に処せられた、とある。そのため学問的な研究が行われず、反面、庶民の間では英雄崇拝熱が高まった。これが緩められた中期以降、「脚色された太閤伝説や太閤物語が横行」するようになったとされている。

やがて徳川の天下が確立すると、尾張藩は国勢調査ともいうべき『寛文村々覚書』を作った。そこには秀吉の誕生地を中中村とするのではなく、上中村の常泉寺としてしまった。このため後に書かれるものはこれを踏襲することになり、近代に入るまでそれが信じ込まれてきた。

どうしてそんな誤りを犯してしまったのか。それは常泉寺の地が秀吉の継父となる筑阿弥の住んでいたところだったからだ。『尾張志略』という本は同寺を「筑阿弥宅墟」と明記しており、その伝承を弥右衛門宅と故意にではなく、多分、単純に間違えてしまったのだろう。

『武功夜話』は当時の中中村の様子についても書き留めている。その中の一文にこんな記述がある。

「(弥右衛門は)同郡内(注・下郡)の松葉の城、織田右衛門尉様御支配の百姓なり。天文この方、度重なる兵乱あり。兵馬のため田畠薙ぎ倒し、狼藉の限りを尽し、結句《けっく》百姓逃散《ちょうさん》失家多く御座候。殊に下郡において生便敷《おびただしく》、松葉の城主、右衛門尉牢人の輩を多く召し抱え武備に怠り無し」

村人たちの生活は苦しく、逃げ出す者も多かった。天文二十年(一五五一)、十五歳になった秀吉も今川義元に仕えようと東へ下った。途中の曳馬（浜松）で義元の家臣である頭陀寺城主松下嘉兵衛に拾われ、侍としてのスタートを切ることになった。

秀吉当人は当然、中中村で生まれたことを知っていた。天正十八年（一五九〇）、小田原討伐の帰りに故郷中中村に立ち寄り、村民と親しく交歓、生家近くの「オオボリ」と呼ばれる用水の土手で大盤振る舞いをしている。上中村の方に多くの史跡などが残るのは、後世になって作られていったからに他ならない。

## 二、秀吉の名前はどこから来たのか

### ●秀吉は蓮花寺十二世珪秀の隠し子だった

木下弥右衛門の正式な名前は昌吉だった。同家は国吉―吉高―昌吉と続き「吉」を通字としており、秀吉の「吉」はここから来ていたのは分かる。しかし、もう一つの「秀」はどうして付けられたかが不明だった。

この解明に取り組んだのが元警察官だった藤川清氏（昭和五十七年の取材当時、

**里人与太夫**
この名の人物は記録にあるが「サトビト」と読まれてきた。藤川氏はこれを「リジン」と読み女性にし、夫となる中納言の「持萩」を「ジシュウ」と音読みされた。

七二歳）だった。藤川氏は長年の調べで蓮華寺（あま市蜂須賀、真言宗）十二世珪秀の子であるとされた。『尾州史略』という本は蓮華寺僧密通説についてわずかながら触れていたが、関係先などを訪ね歩いてこれを発展させた格好である。

藤川氏の説によると、珪秀は真言宗醍醐寺派の総本山、醍醐寺三宝院（京都）で僧をしていたが、天文元年（一五三二）、同寺の命で蓮華寺に赴任してきた。このとき、愛人なかと彼女の母親里人《りじん》与太夫《よだゆう》※を連れていた。まさか二人を寺へ入れるわけにもいかず、里人を乙之子村《おとのこむら》（あま市乙之子）に、なかを中村に隠れ住まわせた。なかはとも（日秀）と秀吉の二人を生んでいることから、その関係は十年ほど続いていたと見る。

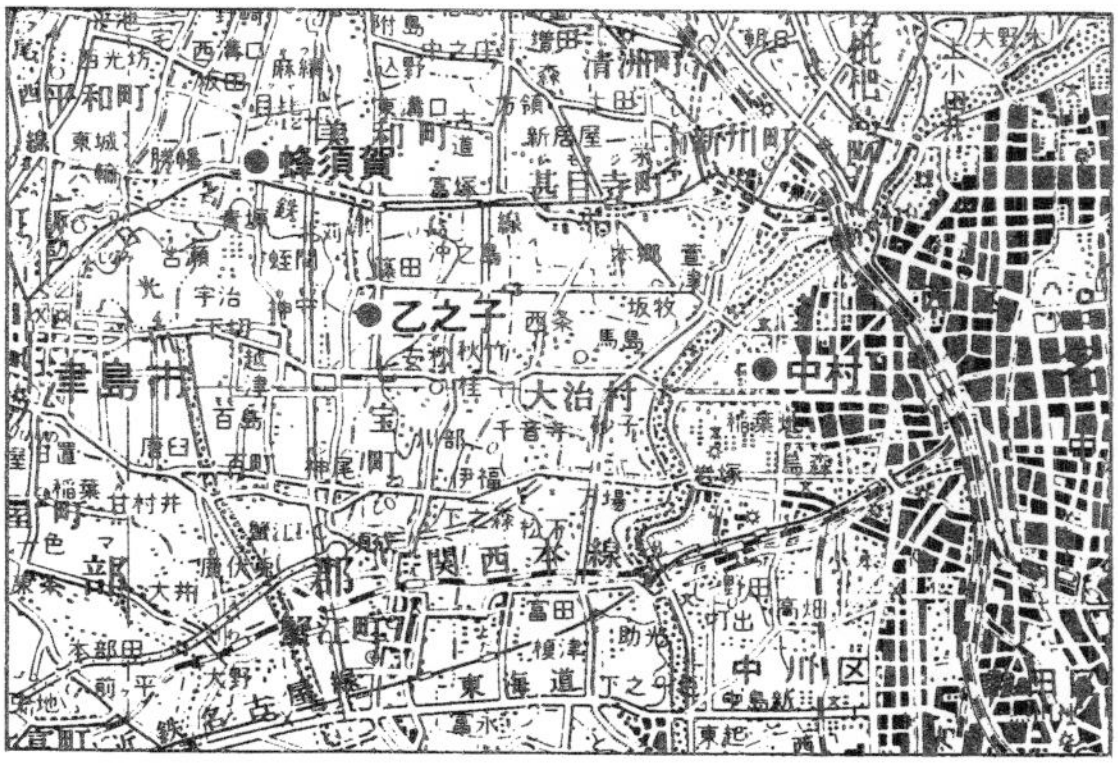


里人の夫は足利義視《よしみ》の子持萩中納言で、三宝院の門主になった人物だという。白拍子（遊芸人）の里人と恋仲になり、これがもとで現在の江南市村久野に配流

処分となった。この件で官位や僧籍を剥奪され、足利氏の系図からも抹消されたと見る。

昭和区御器所に「御所屋敷趾」、側面に「伝日持萩中納言宅趾豊公母住于此」と彫られた石柱がある（大正十二年に名古屋市が建立）。御所屋敷の伝承は古くからあったとみえ、『尾張志』も「宅祉」の項で最初に取り上げている。

「按するに秀吉の母公は持萩の中納言といふ人の息女也。尾張国飛保の村雲（注・村久野）といふ處に配せらる（大政所二歳のときと云々）。なかめやる都の月のむら雲のかゝるすまいもうき世なりけりとよまれしとかや」

御器所に隣接したところに、村雲町の町名も生まれている。しかし、御所屋敷の伝承はあいまいで、これまで信憑性は薄いとされてきた。それにもかかわらず秀吉の母となるなかが住んだところとして広く知られ、その碑には父が持萩中納言だと刻されている。

藤川氏はこれを持萩中納言の屋敷跡ではなく里人の生家だとし、中納言の死後はこちらに移り住み、二女

持萩と見られる墓

「御所屋敷趾」碑

の伊都（清正の母）を産んだとされる。その後、乳飲み子を母親に預け、なかを連れて再び京都へ出ていった、と。それから十余年後、なかが三宝院へ出入りしているうち、珪秀と懇ろになったというのである。

いかにも元刑事らしく、それらの裏が取られている。秀吉の祖母里人の住んだ乙之子村では同所の貴船神社横に合祀された山神社が里人個人の氏神であるとし、近くの民家にある宝形の墓を里人のものとされた。また、村久野の曼陀羅寺の墓地では持萩中納言のものと見られる宝篋印塔《ほうきょういんとう》も見つけ出された。いささかこじつけではないかと思われるものもあるが、珪秀を持ち出されたことは注目に値する。秀吉は長じて「われに父なし」と言い、弥右衛門の法要を一度も行っていない。醍醐の花見や三宝院への寄進はそれが実父珪秀のいたことのある寺で、その追福の意味もあったのであろうか。

## ●蓮華寺の末寺、上中村の福生院が仲を取り持つ

弥右衛門の法号は「妙雲院殿栄本虚儀（霊）」とある。この「虚」はうそ・仮にを意味し、本当の父親ではないという。藤川氏は「便宜上、持ち出された架空の人物で、なかとの関係はその後も続いていた」と推定されている。

しかし、誕生地で見てきたように、弥右衛門が実在しなかったとは、とても思えない。前出の横地清氏は珪秀を掘り起こした功績を認めながらも、「珪秀はなかとの密通が世間に知られるのを恐れ、蓮華寺の末寺であった中村の福生院を通して弥右衛門になかを押しつけた（中略）このときなかはすでに秀吉を妊娠しており、しばらくして出産することになるわけです」（拙著『見た聞いた考えた豊臣秀吉大研究』）との見方を示されている。こうなると弥右衛門に嫁いだときには、すでにともが生まれていたことになる。

当時、上中村に蓮華寺の末寺福生院があった（現在、長円寺のある地）。江戸時代、境内には秀吉の守護神とされた天満宮があり、御神体をなかが秀吉の幼いころに買い与えた人形としている。寺はいま中区錦二丁目にあり、天満宮は神仏分離で東区徳川の神明社に移された（福生院には新たに出世大師ができている）。

**旭姫**　天文十二年の生まれ。副田甚兵衛吉成に嫁いだが、小牧合戦の後、秀吉は強制的に離縁させ、徳川家康の正室（継室）に送り込んだ。天正十八年没、法名・南明院。

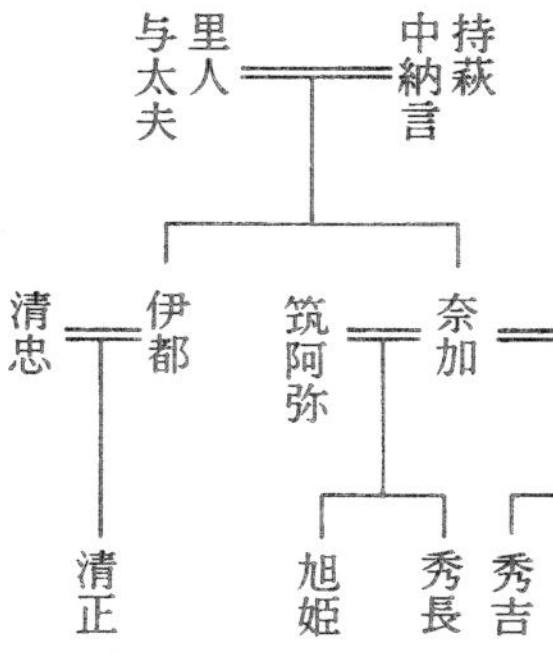

藤川説による系図

藤川氏と横地氏の話を合わせると、次第に明らかになってくる。「虚」についても横地氏は「弥右衛門が実父ではなく養父だったから、わざわざ虚を入れたのでは」（同）と見る。この解釈も納得がいく。

子連れのなかをもらった弥右衛門も、よほど人がよかったとみえる。しかもお腹には珪秀の子種まであった。嫌がるどこか喜んで、高貴な人の〃お下がり〃を頂戴したのか。

似たようなケースは戦国武将の間でもしばしばあり、そんな一人に埴原《はいばら》加賀守がいた。信長は「中条」という侍女にはらませ、独身であるのをいいことに、加賀守に押し付けている。当時は濃姫と婚約中の身であり、美濃に聞こえては一大事との配慮もあっただろうが、おかげで加賀守は出世コースを歩んでいくことになる。

秀吉の兄弟は四人あり、これまで長女ともと秀吉が弥右衛門（藤川説では珪秀）の、弟の秀長と妹の旭姫※はなかの再婚相手である筑阿弥の子とされてきた。秀吉研究の第一人者桑田忠親氏は弥右衛門が天文十二年一月二日に亡くなっていたことから、四人とも弥右衛門の子として従来の説を否定された。しかし、なかは弥右衛門の亡くなる以前に筑阿弥のもとに走っており、地元にはそれをうかがわせるような伝承も残されている。

天文二十年（一五五二）、十五歳になった秀吉は駿河をめざして出奔した。それは母が筑阿弥と再婚しており、筑阿弥の住む上中村の家（常泉寺の地）から出ていったことになる。『武功夜話』は出奔の理由の一つに「(弥右衛門が）天文の歳相果て、後添えの義父と折合わず、口減しのため寺奉公に追い出され」とあり、その寺からも追い出されて家を出ることになってゆくのだった。

蓮華寺の前には蜂須賀小六の生まれた蜂須賀屋敷があった。秀吉は遠州から帰ると生

味噌のパッケージにある二人の出会い

**八丁味噌**

岡崎と言えば八丁味噌が有名である。岡崎城から八丁離れたところにあり、ここにはメーカーの「カクキュー」と「まるや」がある。八丁味噌は八帖町にあるこの二社しか名乗れない。

小六と秀吉の出会いは「カクキュー」のパッケージにも描かれている。しかし、同当時に橋はなく、

社も創業されていなかった。秀吉の座っているムシロに社のマークがあるのが面い。

一方の「まるや」にも〃日吉丸石投げの井戸〃がある。逃げる途中、井戸に石を投げて落ちたと見せかけ、その隙に逃げ切ったというのだ。後世、矢作橋を渡る人たちは橋の上での二人の出会いを夢想し、みやげに買った八丁味噌に舌鼓を打ったことだろう。

駒屋敷を訪れ、たまたまそこで川並衆の頭領として活動する小六に出会った。小六も早くから家を出ていたが、珪秀のいた蓮華寺と小六の生まれた蜂須賀屋敷とが隣り合わせていたように、秀吉と小六は終生固い絆で結ばれてゆくことになる。

## 三、小六・秀吉、矢作橋での出会い

### ●火のないところに煙は立たぬ

蜂須賀小六と秀吉の矢作橋での出会いはあまりにも有名である。これは江戸中期に出された『絵本太閤記』が取り上げたことによる。当時、矢作川に橋は架かっておらず、現実にはあり得ない話だ（橋ができるのは東海道が整備された江戸時代以降である）。

しかし、『絵本太閤記』も決していい加減の本ではなく、評価すべき記述も多い。この話が創作されるには、何かこれに似たことがあったのではないか。そう考えているうちに出会ったのが『当世名古屋元結』（著者不明）という本だった。

この本は江戸中期に名古屋で起きた十代将軍徳川家治の毒殺未遂事件を記して

いる。その中に秀吉が遠州浜松（曳馬）宿の橋の上で寝ていたところ、盗賊に出会ったというのだ。少し長くなるが、その個所を原文のまま引用しよう。

「むかし太閤秀吉公ようやく十一才の時※、出世の望にて、御父筑阿弥の家を出給ひ、ほうぼうと主人をたづねもとめ給ふうち、遠州浜松の宿にて日ぐれにおよび、路用つきてせんかたなく、橋の上に石を枕として臥し給ふ所に、其夜、深更におよび盗賊四、五人うちつれ来り。

ふと耳に入りて目を覚し見給ふに、とうぞくども秀吉公をとらへ、若《もし》声をたてとふぞくなとと人を起さば、大ひなる害なり。差ころして捨べしと相談しける。

秀吉公幼年なれども出世をねがふ御身の上なれば、盗賊の手にかかりて命を失わん事は心外におぼしけれども、さしあたって手だてなく、ふと思い付きて、とうぞくどもにむかひ、我多くの代物を盗ますべきか、我命を助くべきかとの給ふに、とうぞくども打うなづき、汝の望に任すべしと言へば、秀吉公、盗賊どもを引き連れ橋むかふの染物屋の門口に立ちどまり、見世の戸をゆびの爪にてかき給へば、内の亭主の声にて、鼠の来たる音なり。染ものは見世の戸棚へ入置たるやと問いければ、いかにも片付おきたりとこたへたり。

十一才の時
十五歳が通説となっている。針を売りながら旅をしていったという。

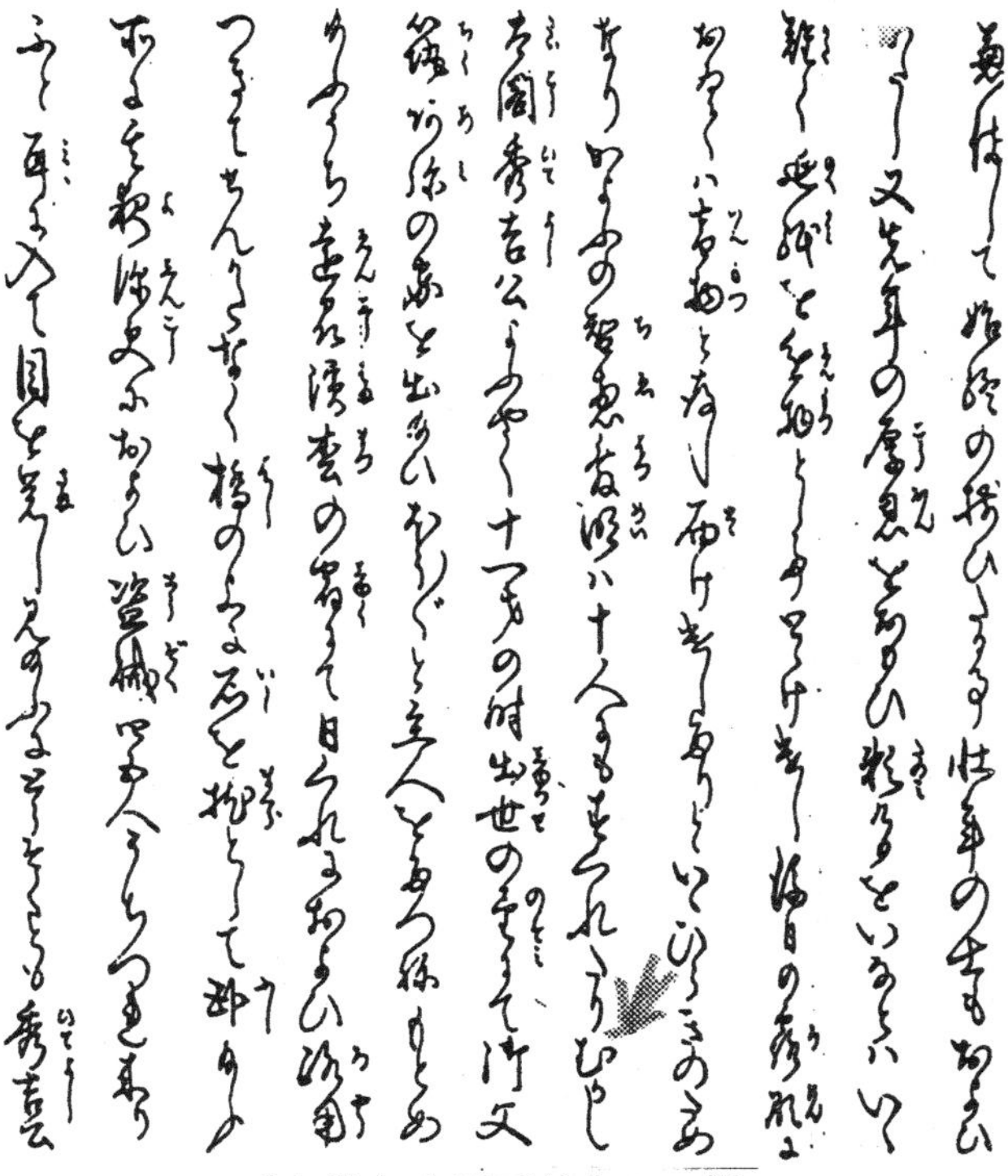

『当世名古屋元結』の一部

秀吉公、盗賊どもに向ひ、爰《ここ》の見せに代物多くあり。這入てとられよとおしへたまへば、とうぞくどもよろこびて、あまたぬすみ取りて帰りける。秀吉公は其夜の危難をのがれさせ給ひしとかや。わずか十一才にてかかる頓智なればこそ、終に天下のあるじとはなり給ふ」

地元名古屋ではこのような話が語り継がれてきたのだろう。出世した秀吉自身も昔のことをよく話したとのことだが、名古屋ならずとも広く知られていたのかもしれない。

しかし、名もない川の橋の上や無名の盗賊では面白くない。『絵本太閤記』は当時有名だった東海道の矢作橋を舞台にし、盗賊を川並衆から成り上がった蜂須賀小六に置き換えて書いたのではないか。場所や人物こそ違え、似たような事実はあったのだ。

## ●出会ったのは浜松市の曳馬川に架かる橋の上か

『名古屋元結』にあるような話が本当に浜松であったのか。浜松市の歴史や伝説などの本に当たってみたが、これに類した記述は見つけ出せなかった。同市の中央図書館や静岡市の羽衣出版などにも問い合わせてみた。しかし、手掛かりになりそうなものはまったくなかった。

秀吉は十五歳のとき、永楽銭一貫文を携えて駿河に向かった。その途中、浜松の頭陀寺城主松下嘉兵衛に仕えることになるが、おそらくこのときにあった出来事なのだろう。そこはどんな場所だったのか。

手掛かりを求めて現地を訪ねてみることにした。頭陀寺城の跡は公園になっており、その片隅に「松下嘉平次屋敷跡」の石碑があった。ここから五キロほど北の国道152号、馬込橋の架かる道がかつての東海道

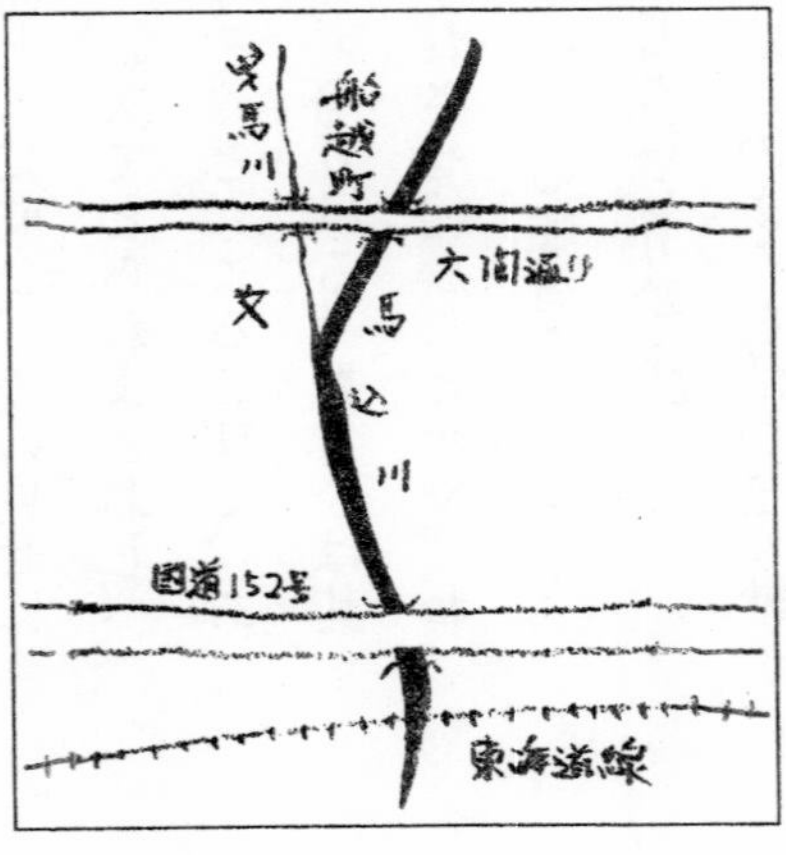

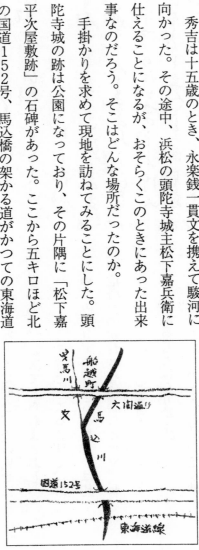

で、江戸時代、そこが浜松の〝東の玄関〟に当たっていた。

この馬込川が戦国時代のころは天竜川の本流だったという。それでは川が広すぎ、橋は架けられそうにない。馬込橋の少し上流で、馬込川に曳馬川が合流していた。

そこは静岡文化芸術大学の北側に当たっている。用水のような小さな曳馬川が南流し、その北側を川幅の広い馬込川が流れていた。手元の資料などと照らし合わせてみると、合流点の少し上流を東西に横切っている六間通りが古い街道に当たるのではないか。

デルタ地帯にある船越町は船頭や水夫などが多く住んだところだとか。水野清遺稿集『天竜川・東海道と船越町』という本には秀吉との関係はなかったが、「船越町の船頭の先祖は矢作川の者だった」とある。天竜川の本流とあれば、水運に携わる多くの人たちがいたことだろう。

川の流れに多少の違いはあったとしても、ここの通行は馬込川は渡船に頼り、曳馬川は橋だったのではないか。渡し場のあるほどの街道なら、民家や商家、それに染め物屋があってもおかしくはない。

浜松市在住の郷土史家神谷昌志氏（平成二十四年の取材時八二歳）を訪ねた。かつては読売新聞の記者をされ、著書は八十冊を越す。「浜松の歴史には一番詳しい」と言われている人だ。

「旧東海道はそっち（六間通り）の方だったとの説もあるにはあるんですよ。かつての鎌倉街道ですね。しかし、秀吉にまつわるそのような話はまったくない」

「馬込川の水量が減ると船越町の船頭らは食べていけなくなり、本流側に出向いて半月交替で仕事をしていました。それもやがてできなくなり、廃業に追い込まれていきました」

馬込川を渡った左岸側上流に船越公園があったが、そうした歴史があったからなのか。曳馬川のある右岸側のすぐ近くには浜松地方の古名である曳馬町の町名も残り、いまは中区に属している。昔もここ一

曳馬川に架かる橋（上の道路が六間通り）

帯が遠州地方の中心地だったはずである。

無名のころの秀吉の話が残るはずがない。しかし、『絵本太閤記』はここであった話をもとに、矢作橋と小六を持ち出して新たな伝説を作り上げたのだ。長年あり得ない話に疑問を持ってきたが、その背景が浮かび上がってきた。

# 第八章　権謀術数、信長の清須入城

# 一、信長、清須に反撃、萱津合戦へ

## ●坂井大膳ら、松葉・深田の両城を支配下に

清須の〝城主〟守護代はいま織田達勝《たつかつ》の跡を継いだ彦五郎信友だ。実権は家老格の坂井大膳・坂井甚介らが握っており、信長に敵対するようになった。天文二十一年（一五五二）、彼らの主導により清須に近い深田城（城主・織田右衛門尉、海部郡大治町西条字城前田）と、その並びにあった松葉城（城主・織田伊賀守、同所）から人質を取った。

「一、八月十五日に清洲より坂井大膳・坂井甚介・河尻与一・織田三位申し談らひ、松葉の城へ懸入《かけいり》り、織田伊賀守人質を取り、同松葉の並《ならび》に
一、深田と云ふ所に織田右衛門尉居城《ゐじやう》。是又押並て両城同前なり。人質を執固《とりかた》め、御敵の色を立てられ候」
（『信長公記』）

これを知った信長は翌十六日の明け方、那古野城を出て稲葉地（豊公橋付近）の庄内川まで進出した。こ

**斯波家**
義寛《よしひろ》―義達《よしたつ》―義統《よしむね》―義銀《よしかね》

**清須織田家**
敏定《としさだ》―達定《たつさだ》―達勝《たつかつ》―信友《のぶとも》

れには守山城主で叔父の織田信光も駆け付けてきている。軍勢を松葉口・三本木口・清須口の三方に分けると、信長と信光はともに対岸の海津（萱津）口へと向かった。

「一、清洲より三十町ばかり踏出《ふみだ》し、海津と申す村へ移り候。

信長、八月十六日辰尅（注・午前八時）、東へ向てかゝり合ひ、数刻火花をちらし相戦ふ。孫三郎殿（注・信光）手前にて小姓立《だち》の赤瀬静六とて数度武篇を致すおぼえの仁躰《にんたい》、先を争ひ坂井甚介に渡合《わたしあひ》、散々に暫く相戦ひ討死。終に清洲衆切負《きりま》け、片長《かたおとな》坂井甚介討死。頸は中条小一郎・柴田権六相討ちなり」（同）

柴田勝家
（『自由に使える戦国武将肖像画集』より）

この戦いで小姓から成り上がった赤瀬静六は坂井甚介に討たれ、甚介の首は中条小一郎と柴田勝家が討ち取った。勝家が参戦しているところを見ると、末森城の信行は協力していたことになる。この戦いは後に「萱津合戦」とか「萱津の戦い」と言われるようになるが、そのとき双方合わせて五十人以上が死んだという。

松葉口や深田口でも戦いが繰り広げられ、いずれも清須方の負け戦で終わっている。ここで注目したいのは深田口での戦いだ。信長方に属していた小坂井久蔵が討ち死にしている。

「一、深田口の事、三十町ばかりふみ出し、三本木の町を相抱へられ候。要害これなき所に候の間、即時《そくじ》に追崩され、伊東弥三郎・小坂井久蔵初めとして究竟の侍三十余人討死。これに依て深田の城・松葉の城両城へ御人数寄せられ候。降参申し相渡し、清洲へ一手につぼみ候」(同)

深田口では三十人の死者を出した。両城の者は城を捨て、清須城へ逃げ込んだ。信長らの一行は清須城下にある田畑の作物を刈り取り、※それぞれの城へ引き揚げていった。

## ●信長、前野孫九郎に小坂家を継がせる

以上は『信長公記』の記述をもとに書いてきたが、『武功夜話』もこの戦いについて触れている。守山城主の信光のもとで戦ったのが柏井衆の小坂井久蔵だったというのだ。このとき彼は百三十人の仲間とともに参戦していた。

**作物の刈り取り**

合戦では相手に損害を与えるため、敵の作物を奪い取ったりもした。それが大がかりに行われたのが秀吉と信雄・家康連合が対決した小牧合戦だ。膠着状態の続く中、収穫期を迎えて奪い合いが続き、戦いは稲刈り合戦となった。信雄側が和議に動いたのも米の不足が大きな理由で、その条件の一つに信雄側へ米三万八千石を与えるとの項目が付け加えられている。

「清須彦五郎（注・信友）の大人衆、酒井大膳なる者逆意候。宿老大膳ともに備後様（注・信秀）を相憎み、備後様の別腹《べつばら》織田右衛門（注・信次、深田城主）と相謀り大逆なり。この時、尾州守山御城主織田孫三郎殿（注・信光）は御下知に随い旗下に駆け参じ候。柏井衆小坂久蔵尉、小坂源九郎尉、丹羽源六、佐々蔵人、同孫助の主従百三十余騎、上総介様と示し合せ海東郡松葉口へ駆け向い候。織田右衛門尉と取り合い、渕川を挟み数刻出入り、右衛門尉の城下まで責め寄せ候ところ、城堅固弓矢射懸られ寄り付き難く、寄せ手大半の人数討ち取られ、久蔵尉その場において相果て、源九郎深手きびしき取り合いに候。時に天文甲寅（注・天文二十三年＝一五五四）夏越方と相記すなり」（『武功夜話』）

『武功夜話』はこの戦いの年号を間違えている。天文二十三年に信長が清須を攻めるが、そのときのこととといっしょに書いてしまった。同書においても当然、間違いや勘違い、誤解はある。

『信長公記』は清須方が深田・松葉両城に攻め入って人質にしたとするが、その記述は不自然であいまいだ。これは『武功夜話』が「相謀り大逆なり」と書くように信秀の死後、信長に反発、進んで清須方に就いたのではないか。信秀の跡を継いだ信長に反旗を翻す者も出たが、右衛門や伊賀守もその一人だったと見られる。

後に右衛門は許され、守山城主になっている。先に見た飯尾近江守を許したように、信長も同族に対しては寛容な姿勢で臨んだ。敏定が岩倉や於久地を落としながら、寛広（岩倉城主）や広近（於久地城主）の命までは取らなかったことにも似ている。

小坂井は小坂が通称で、先祖は但馬国小坂《おさか》郷の出身。その昔、織田敏定（二代清須城主）が近江の六角氏退治※に出向いたとき、小坂は陣所に駆け付けてきた一人で、合戦後、春日井の柏井に住み着いていた。敏定が楽田《がくでん》（犬山市楽田）にいた折、春日井の篠木・柏井三郷、合わせて三十カ村三千六百貫を御台地（直轄地）とするが、その代官として小坂氏が任命された。

その子孫である久蔵が戦死した。信長は中条小一郎を使者として源九郎を見舞い、黄金三枚と太刀一振りを贈った。この源九郎も合戦で受けた傷により、一年後に亡くなっている。

「名利栄達を遂げ修羅場を彷徨す、これ武者道なり。さりながら久蔵尉相果て、

**六角退治**

応仁の乱後、西軍に属した近江の守護六角行高は荘園を奪うなど幕府の命に従わなかった。征伐は長享元年と延徳二年の二度にわたって行われ、尾張も幕府軍に加わってその中核をなした。このとき、小坂氏や余呉氏が敏定の陣に駆け付け、その後は尾張に移り住むことになる。

源九郎深手これが因《もと》で明年《あけどし》死去仕るなり。江州以来の忠節、信長様前野孫九郎をして小坂を襲わしめ、御台地代官職を仰せ付けられ候の仕合せ恭なき次第に候なり。柏井居住の者は柏井衆というなり」（同）

信長は由緒ある同家が断絶するのを惜しみ、前野孫九郎（『武功夜話』著者孫四郎の祖父）に小坂姓を名乗らせ、御台地の代官に取り立てた。前野家も古くから武門の家であり、両家が縁戚関係にあったことによる。これを機に孫九郎は柏井へ移り住み、姓を小坂《おさか》と改めて信長に仕えるようになった。

萱津の戦いにより守護代の織田家と信秀の跡を継いだ信長との対決は決定的となった。これ以降、両者は様々な策謀を巡らせてゆくことになる。なお、ここに出てきた「備後様の別腹」とある深田城の織田右衛門尉信次は天文二十四年（弘治元年＝一五五五）、信光が那古野城へ移ったことにより、守山城の城主となってゆく。

『尾張名所図会』が描く萱津の古戦場（部分）

『尾張名所図会』の描く萱津の絵は五条川の右岸、萱津の光明寺前方に「古戦場」の文字を書き入れている。また、あま市上萱津の住宅地には「萱津古戦場跡」の石碑もある。そこには「いにしへの　萱津が原に　名をとどむ　もののふどもの　夢のまた夢」の歌が刻まれ、付近で合戦のあったことを語りかけている。

## 二、義統・信友・信長、三つ巴の戦い

### ●劣勢の守護斯波義統、信長になびく

信長方が優勢になるにつれ、清須から内通者も出だした。まず守護斯波義統《よしむね》の家臣、簗田弥次右衛門が動き出す。彼は後に桶狭間の戦いで「義元、大高に向かう」の第一報をもたらし、合戦後、沓掛城主に抜擢されることになった出羽守政綱その人だ。

「一、去程に、武衛様（注・義統《よしむね》）の臣下に簗田《やなだ》弥次右衛門とて一僕の人あり。面白き巧みにて知行過分に取り、大名になられ候。子細は清洲に那古野弥五郎とて、十六・七若年の人数三百ばかり持ちたる人あり。色々歎き候て、若衆（注・

**前田利家**

利家は若いころ、信長がかわいがっていた茶坊主の拾阿弥を斬殺し、信長から追放されている。浪人同然の身となったが、彼を庇護した一人が佐々成政だった。利家は後に桶狭間の戦いや森部の戦いに参加、手柄を立てて許されている。

簗田弥次右衛門
（『自由に使える戦国武将肖像画集』より）

男色関係）かたの知音《ちいん》（注・相手方、親友）を仕り、清洲を引わり（注・分裂させる）、上総介殿の御身方候て御知行御取候へと、時々宥《なだめ》申し、家老の者共にも申しきかせ、欲に耽り尤《もっとも》と各同事（注・賛成候」（『信長公記』）

この那古野弥五郎も誘われて早々と寝返った一人。弥次右衛門は彼を身方にしようと、男色関係を持つまでになった。二人は一心同体となり信長側に内通するが、当時、男色は戦国武将の間でめずらしくもなかった。

当の信長自身も森蘭丸との関係は有名である。うつけ時代には前田利家※もよく〝かわいがられ〟ていた。新築なった安土城で信長は利家に「若いころ、そちをよくそばに寝かせたものよ」と話しかけ、居並ぶ諸将に「又左殿（利家）は幸せ者よ」とうらやましがらせたとのエピソードもある。

ここ清須城には守護の斯波義統と城主で守護代の織田信友がいる。守護と言っても、いまや傀儡《かいらい》でしかない。守護代の信友とそれを支える家老格の坂井大膳らが実権を握っている。

こうした状況から義統は信長になびくようになってゆく。家臣の弥次右衛門らが信長側に付くようになった理由の一つもここにあった。清須城に同居する守護・守護代両家の溝は深まってゆくばかりだ。

「天文二十三ノ頃義統ノ家人簗田彌次右衛門某。名古屋彌五郎ト謀リ。織田信長ニ申シ通シテ彦五郎（注・信友）ヲ誅セントス。義統モ守護ハ名ノミニシテ。彦五郎専《もっぱら》逆威ヲ振フ事ヲ悪ミ。信長ト内々心ヲ合セラレシトカヤ」（『清須合戦記』）

信長は両者の反目につけ込んだ。弥次右衛門を使い、信友はいずれ義統に殺される、とのうわさを流させた。『清須合戦記』には「（義統は）面ハ彦五郎ヲ援ル體ナリケレドモ。信長ト内通ノ事アレバ。彦五郎終ニ殺サレナント風聞アリケリ」とある。

信長はあらぬデマを飛ばし、両者の対立をあおった。信長もなかなかずる賢いし、つけ込むのも巧妙だ。こうして清須城内の二人は疑心暗鬼に陥っていく。『武功夜話』はこの二人の〝殿様〟を評して次のように書いている。「御館様（注・義統）は武辺等閑《なおざり》になされ、日夜歌舞《かぶ》、能楽好み給い、酒色に明暮れ、さては己の不遇をかこち佞人《ねいじん》輩の甘言に耳を傾け冥々なり」。「守護代織田彦五郎（注・信友）この人清須大和守の跡なり。さほどの武辺も相無きに、家長坂井大膳成る者の甘言に唆《そそのか》され、武衛様（注・義統）を弑《しい》し奉り清須御城取り抱えんと大逆あり」。二人はまるでバカ殿扱いで、なかなか手厳しい。

## ●義統×信友、信友×信長、清須合戦始まる

守護義統には嫡子岩竜丸がいた。天文九年（一五四〇）に生まれており、後に義銀《よしかね》と名乗る人物だ。その岩竜丸が大勢の家臣を引き連れ、堀江村（清須市西堀江）へ魚取りに出掛けた。

「一、七月十二日（注・天文二十三年）、若武衛様御伴申し、究竟《くっきょう》の若侍悉く《ことごと》川狩に罷出でらる。内には老者の仁躰纔《わずか》少々相残る。誰々これありと指を折り見申し、坂井大膳・河尻左馬丞・織田三位談合《だんかふ》を究め、いま社《こそ》能き折節なりと、𤸪《どっ》

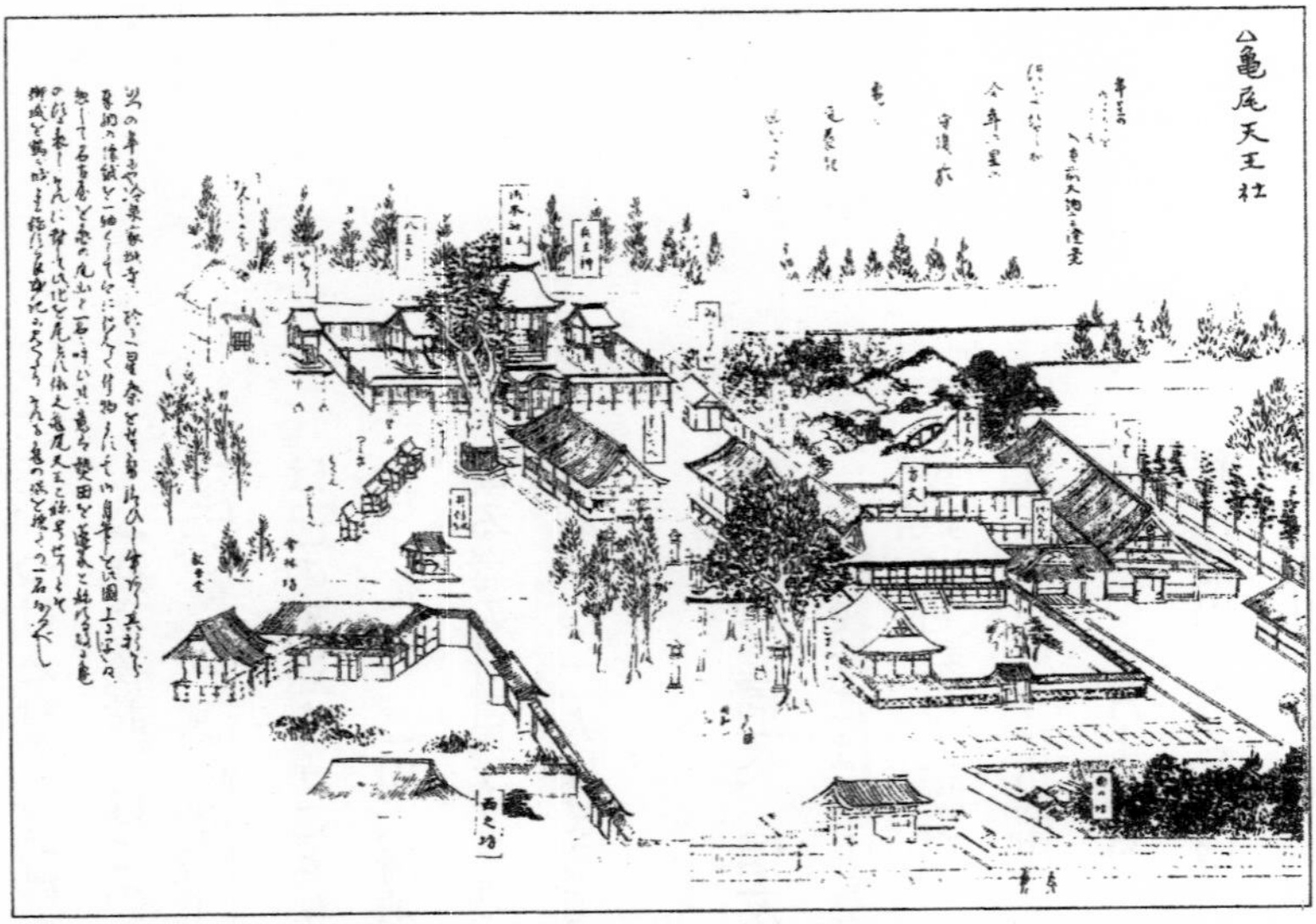

那古野城前に鎮座した亀尾天王社（『尾張名陽図絵』より）

と四方より押寄せ御殿を取巻く」（『信長公記』）

大膳はこのときとばかり、御殿に攻め込む。居合わせた者たちも奮戦したが、何しろ多勢に無勢、多くの者が討ち取られた。この最中、義統は燃え盛る火の中で自害して果てた。

「賊徒猶重リテ攻寄シカバ。館ニ火ヲカケ。義統ヲ始舊老ノ臣一族三千余人。一同ニ腹カキ切リテ失ニキ。十余代相続ノ高家一時ニ亡ヒケルコソ悲シケレ」（『清須合戦記』）

「三千人」は三十人の書き違いかとも思えるが、こうして守護義統はあっけなく滅ぼされた。事件を知らされた岩竜丸は着の身着のままの姿で那古野の信長のもとへ駆け込んだ。信長は快く迎え入れて二百人扶持とし、近くにあった天王坊に住まわせることにした。

### 乞食村誓願寺

乞食村は安食（あじか、名古屋市北区）のことで、安食の戦いとも言われる。このとき河尻左馬丞・織田三位ら清須方の有力武将三十人ほどが討ち取られた。誓（成）願寺は北区成願寺町にあり、信長に仕える前の牛一はこの寺にいた。

もとはと言えば信長があらぬうわさを立てさせ、こうなるように仕組んだものだった。何も知らない岩竜丸がその懐に飛び込んできた。これによって信長は清須を攻撃する格好の口実を得たわけである。

七月十八日、先手は勇猛で名高い柴田勝家、足軽頭に我孫子右京亮・藤江九蔵・太田又助・木村源五・芝崎孫三・山田七郎五郎らを選び、清須城の攻撃に出た。太田又助が『信長公記』の著者太田牛一のことで、同書に名が登場してくる最初である。

「同年（注・天文二十三年）七月十八日清須へ押寄ラル。（中略）許多《あまた》ノ兵士我先ニト進ミケリ。城兵ハ山手口へ出張テ禦キ闘シカ。究竟ニ名古屋勢ニ追マクラレ四方へ敗北シ。或ハ追討ルヽ者数百人ナリシ。乞食村誓願寺※前ニ相交ヘテ防ケル賊モ。終ニ追立ラレテ。一同ニ城ニニゲ入」（『清須合戦記』）

近年、この年を『定光寺年代記』から天文二十二年の七月十二日とする説が出てきている。しかし、多くの史料は二十三年としてきた。それらをもとにして書かれたと推定される『尾張名所図会』も二十三年と記しており、その中の一部からこの前後の状況を抜粋しておこう。

「信友おのれが家人織田三位坊《さんいぼう》・坂井大膳亮等数人に示し、急に本丸へ取りかかり、攻め討ちしかば、不意を討たれて、森刑武少輔・同掃部・丹羽左近等の人々、内外に走り廻り防戦せしかども、皆討ち取られて、義統をはじめ、老臣三十四人自殺す。岩龍丸は川辺にてこの逆乱をきき、直ちに那古野に逃げ行き、信長公に頼まれければ、先づ天王坊へ入れ参らせらる。かくして信友、主君を拭《しい》して当城を押領せしかば、信長公その不義をにくみ、日ならずして軍兵をさしむけ、逆謀の張本人織田三位坊等八十人を討ち取り給ひし」

『武功夜話』はこのときの柴田勝家の奮戦ぶりを伝えている。清須城も堅固なうえ抵抗も激しく、攻めるのに小半日手間取ったとある。この間に信長も駆け付けてきていた。

「城中の者に申す。不道至極《ふどうしごく》の輩どもへ。柴田権六郎只今推参なり。主家を奪い取らんとするその心体《しんてい》浅間敷《あさましき》次第なり。我等の一命、何ぞ鴻毛《こうもう》（注・おおとり、鳳）の軽きにたとえん哉。大松を伐して堀を埋め先を競って大手へ乱入候。城中に義士あり。梁田鬼九郎（注・弥次右衛門）の郎党三十有余人門を開きて身方を引き入れ、三尺有余の大太刀縦横に切りまくり、柴田権六郎と競い合い候」

勝家はさらに攻め込もうとするが、これを信長が押し留めた。「若君（注・岩竜丸）は名古野に在《おわ》すなり。すでに武衛様は御腹を召され」（『武功夜話』）ており、今回はこの程度で戦いをやめることにした。同書には別の戦いの個所で信長の戦法を評して「はや飯」「はや駆け」「はや仕舞い」とある。南方では義元の動きも気になり出していた。

# 三、清須入城へ、清須合戦第二幕

## ●どう動く、守山城主の織田信光

清須の城主、守護代は織田彦五郎信友だ。坂井大膳がこれを補佐し、実権を握っている。先の戦いで坂井甚介・河尻左馬丞・織田三位ら有力者が相次いで討ち死にし、残るのは大膳のみとなってしまった。

大膳は守山城主の孫三郎信光に「自分一人ではたえられない。彦五郎殿と孫三郎殿のお二人が守護代になり、務めを果たしてほしい」と持ちかけた。信秀の遺言で若い信長が後継者になっているが、叔父に当たる信光がその跡を継いでいたとしてもおかしくはない。この提案には信長方にクサビを打ち込もうというねらいもあったか。

「此上は織田孫三郎殿を憑み入るの間、力を御添へ候て、彦五郎殿と孫三郎殿両守護代に御成り候へと懇望申され候処、坂井大膳好みのごとくとて、表裏有間敷《あるまじき》の旨、七枚起請《きしやう》を大膳方へつかはし、相整ひ候」（『信長公記』）

信光はこの要請を受け、起請文を差し出した。弘治元年（一五五五）四月十九日、清須へ来て南矢蔵に入った。しかし、この裏には信長との密約があった。

「表向きはかくのごとくにて、ないしんは信長と仰談《おおせかた》らはれ、清洲有取進《なだめとりまゐらせ》らるべきの間、尾州下郡四郡の内に於多井川（注・庄内川）とて、大かたは此川を

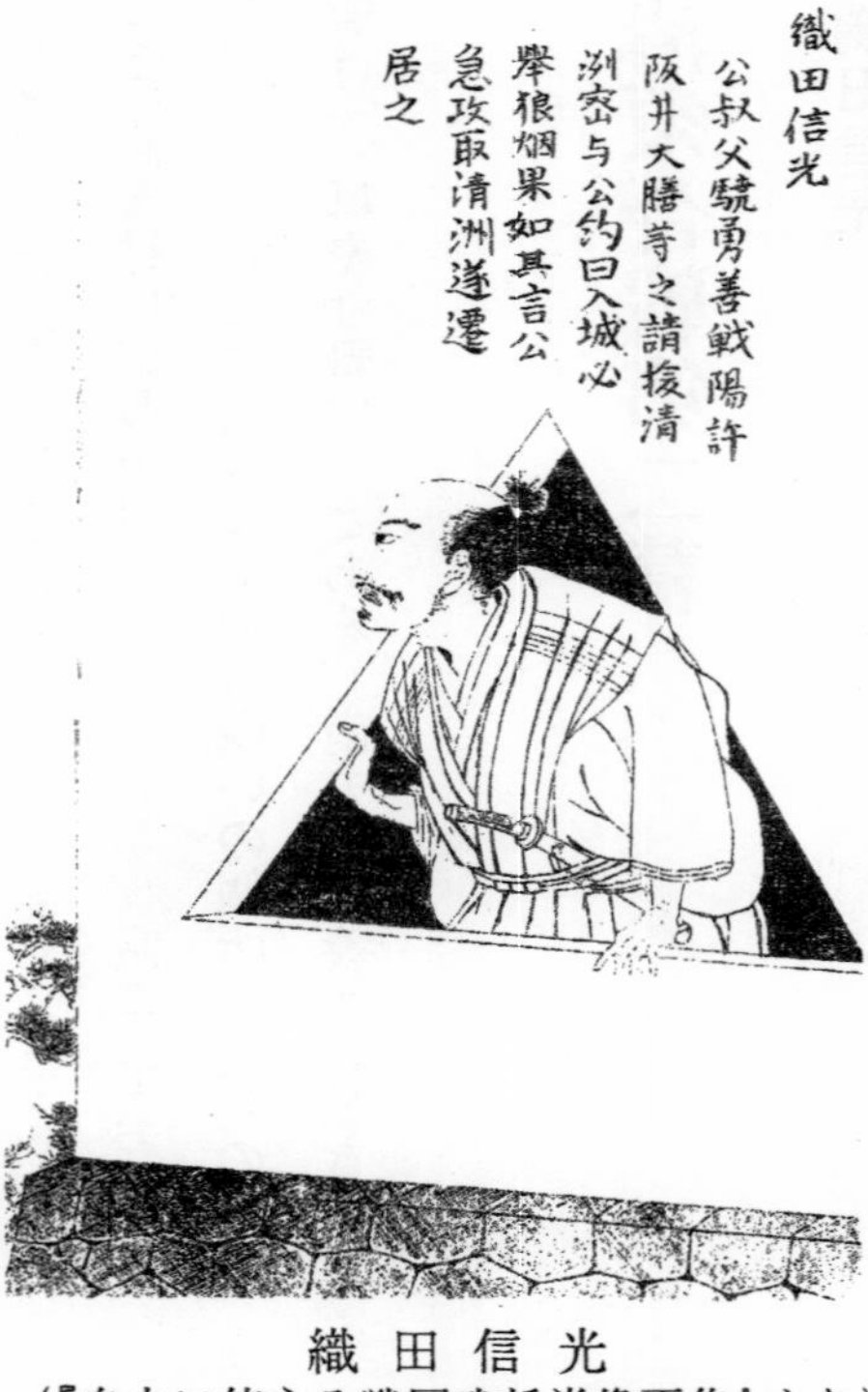

織田信光
（『自由に使える戦国武将肖像画集』より）

限りての事なり。孫三郎へ渡しまいらせられ候へと御約諾《やくだく》の抜公事《ぬきくじ》（注・秘密の約束）なり」（同）

信光は信友と大膳の二人を殺し、清須の城を乗っ取る構え。そのうえで庄内川を境に尾張の下四郡を二郡ずつに分け、信光が愛知郡と知多郡、信長が海東郡と海西郡を手にしようというのだ。大膳はそんな魂胆があるとは知る由もない。

しかし、この分割案では信長側が圧倒的に不利である。中でも海西郡は土豪の服部党頭領の服部左京助が支配し、独立国のような状態にある。後に長島一向一揆で本願寺側の中心勢力となるのも彼らだった。

翌二十日、大膳があいさつに出向くと、異様な雰囲気が漂っていた。大膳の兄坂井大炊助《おおいのすけ》が討たれ、大膳の来るのをいまや遅しと待ち構えていた。大膳は風を食らって逃げ出し、今川義元を頼って駿河へと落ち延びた。

これには信友も驚いた。早速、近習に守られて逃げようとしたが、すぐに見つかってしまった。狼煙が上がるのを見て、信長らも駆け付けていた。

「彦五郎モ叶ハジトヤ思ケン。近習五六輩ヲ召連紛出ント支度シケル間ニ。兼テ相圖ノ狼煙《ノロシ》ヲ揚ラレケレハ。信長頓テ出馬アル。名古屋勢我先ニト清須へ馳來リテ本城ヲ取巻。頓ニ攻撃ケレハ。彦五郎近臣マテ討セ。獨身トナリ密ニ城ヲヌケ出。神明前焼殘リシ在家ノ屋上ヨリ逃ントシケルヲ。天野佐左衛門鑓ヲ以突落ス。森三左衛門頓テヲサヘテ首ヲ取ニケル」(『清須合戦記』)

こうして城を乗っ取り、信長は念願の守護所でもある清須城に入った。岩竜丸にとっても、守護の座が見えてきた。

このとき、岩竜丸は数え十六歳。信長は晴れて元服させ、武衛治部大輔義銀と名乗らせ、本丸に住まわせた。『信長公記』には「尾張屋形トテ崇敬アリ」とあるが、むろん飾り物でしかない。

このころの清須城内の様子はよく分かっていない。文献に出てくる主要な建物は御館(本丸)と南館、それに北館の三つ。御館には守護が、南館に守護代が住んでいた。清須に入城した信長は「武衛様国主と崇め申され、清洲の城渡し進《まゐら》せられ、信長は北屋蔵《ママ》へ御隠居候なり」(『信長公記』)とある。

空いた那古野城には信光が入った。しかし、この年の十一月二十六日、城内で何者かに殺されてしまう。同書に「不慮《ふりょ》の仕合出来《しゅったい》して孫三郎殿御遷化。忽ち誓帋《せいし》の御罰、天道恐哉《おそろしきかな》」とあるが、『甫庵信長記』や『総見記』は犯人に大膳の一族である近習の坂井孫八郎の名を挙げている。これとは別に下半国を分割するのは対抗勢力に成り得ると見て、信長が殺させたのではないかとの見方もないではない。

## ●守護義銀、父の敵討ちに義元を動かす

義銀は父義統を殺したのは大膳だと信じ込んでいる。しかし、清須で暮らしているうち、それを仕組んだのは信長だと知った。尾張藩が初めて編纂した『張州《ちょうしゅう》府志《ふし》』は信長の清須入城の経過を書いたうえで「其後義銀與二今川義元一協レ心欲レ除」とし、密かに義元と組んで親の敵を討とうと考えるようになっていた。

これは尾畑太三氏が『証義・桶狭間の戦い』で初めて明らかにされたことだ。それによると、桶狭間の戦いは義銀が演出したもので「信長と義元は桶狭間で仕掛人（注・義銀）に命を掛けて踊らされたと表現した方が正しいような俗っぽいもの」（同）と評されている。

少し先走ることになるが、この巻を終えるに当たり、同書をもとに義銀と桶狭間合戦のきっかけについて見ておこう。義銀のいる清須城へは義元に敗れた三河

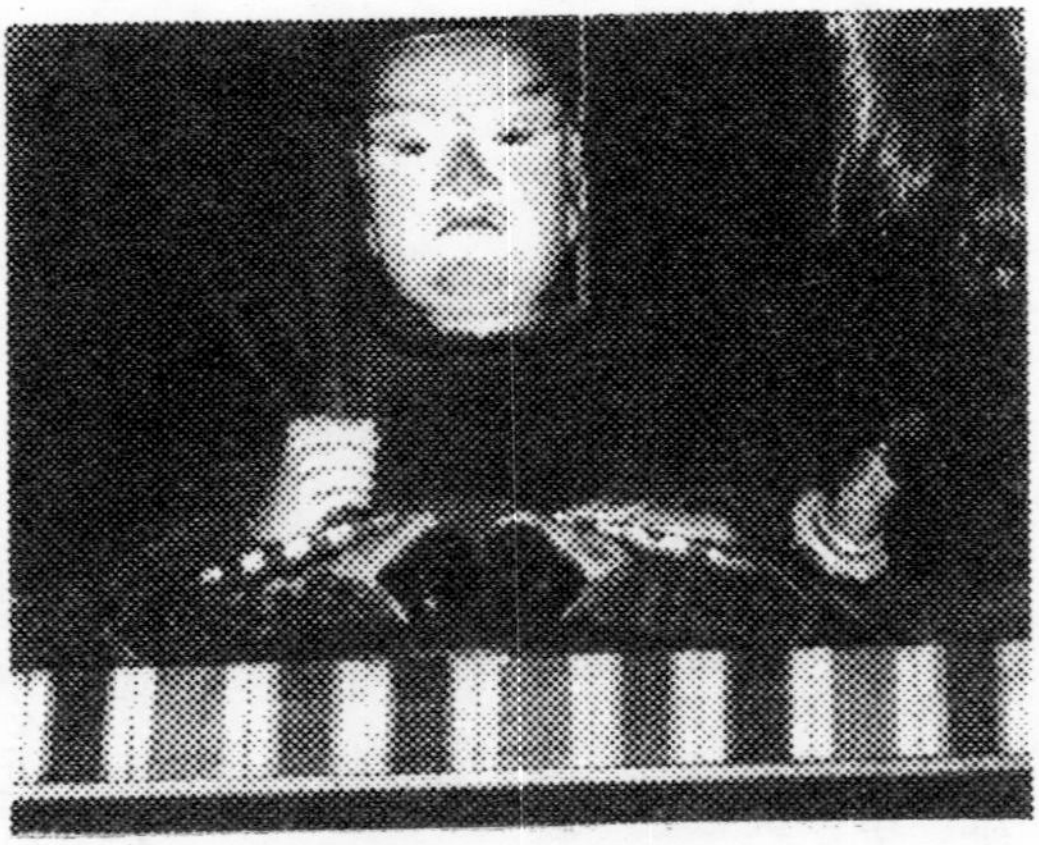
今川義元木像（長福寺蔵）

吉良の吉良義安が食客としてやってきた。義安は義統の女（義銀の妹）を妻（側室）としており、義銀にとっては心強い身方となった。

義安が清須へ来た年については諸説あるが、弘治二年三月が有力と見られる。二人は秘策を練るうち、戸田（中川区戸田）にいる高家の石橋左馬頭※と鯏浦《うぐいうら》二の上（弥富市荷之上町）の土豪服部左京助にわたりを付けた。密かに義元との間で書状でのやりとりが始まった。

桶狭間の戦いは多くの謎を秘めているが、その一つは義元がどうして大高城へ行こうとしたか、である。鎌倉街道の先には身方の守る鳴海城があり、さらにその向こうの笠寺砦もすでに奪い返している。先陣が通った鎌倉街道をそのまま進めばよいのに、義元はわざわざ街道から離れて大高城を目指した。

この謎に対し、制海権を確保するため、との説がある。大高城を制したところで、それが得られるわけではない。すでに義元に協力する服部党の手の内にあったとも言える。

これには義銀らと密議した大高の城兵を、船で清須城へ送り

**石橋左馬頭**

名は義忠。足利氏の流れを汲む一家。戸田を領していたことから、このころ京都からこちらへ移り住んでいた。守護斯波氏と親しい関係にあり、『信長公記』では「石橋殿」「石橋」で出てくる。

込むという極秘作戦があったからだ。左京助が船団を組んで大高城へ出向き、伊勢湾から庄内川、そして五条川を経て、清須城へたどり着く。これを待ち受けていた義銀らが城門を開き、手薄になった城を乗っ取る手筈になっていた。

「爰に河内二の江の坊主、うぐゐうらの服部左京助、義元へ手合せとして、武者舟千艘ばかり、海上は蛛《くも》の子ちらすがごとく、大高の下、黒末川口迄乗入れ候へども、別の働きなく乗帰し、もどりざまに熱田の湊へ舟を寄せ、遠浅《とおあさ》の所より下《ヲリ》立って、町口へ火を懸け候はんと仕候を、町人共よせ付きて噇と懸出し、数十人討取り候間、曲《きょく》なく（注・おもしろみもなく）川内（注・河内）へ引取り候キ」（『信長公記』）

義元が大高へ向かったのは彼らが出帆するのをその目で確認するためだった。しかし、休憩した手前の桶狭間で討たれてしまった。駆け付けた左京助は「別の働きなく」帰る途中、信長方の商都である熱田に放火して鬱憤をはらすのだった。

信長が義銀らのたくらみを知ったのは合戦が終わってからのこと。『信長公記』には左記の文章が唐突に出てくる。これを重ね合わせて義元の水上作戦を明らかにしたのは尾畑氏が初めてと言える。

「一、尾張国端海《こくたん》手へ付いて石橋殿御座所あり。河内の服部左京助、駿河衆を海上より引入れ、吉良・石橋・武衛仰談《おおせかた》らはれ、御謀叛半の刻、家臣の内より漏れ聞え、則御両三人御国追出し申され候なり」

これにより長年続いてきた名家武衛家は守護の座を失った。追放された義銀は伊勢から河内に逃れ、畠山高政の庇護を受けることになった。後には信長と和解し津川義近と改め、娘の一人を信長の弟信包《のぶかね》の子、信重に嫁がせている。

一方の逃げた坂井大膳はその後、どうなったのか。義元に「尾張へ出陣の節は案内せよ」として保護されたということだが、これ以降は消息不明になっている。敗れた大膳は諸書に悪し様に書かれてしまったが、尾張では平氏に属した名門の一家であった。

# 巻末資料

●時はいま！　戦国年表
●関連史跡地名一覧
●主要参考文献

# 時はいま！ 戦国年表

・天文元年　1532　織田信秀、清須の守護代織田達勝と戦う。
・天文3年　1534　信秀、古渡に築城し、名古屋へ進出する。
5月信長、勝幡城内で誕生。幼名・吉法師。
・天文4年　1535　12・5松平清康、守山城内で家臣の安部弥七郎に誤殺される（守山崩れ）。
三河で混乱続く。
岡崎城は桜井松平家の信定に乗っ取られ、清康の嫡男広忠は伊勢へ避難。
この年、濃姫（胡蝶）、美濃の国主斎藤道三の娘として誕生。
・天文5年　1536　今川義元、家督を継ぎ、駿河・遠江の支配者となる。
・天文6年　1537　2・6秀吉、愛知郡中々村（現、中村中町）で誕生。
松平広忠、今川義元の支援で、これ以前に牟呂城へ入る。この年、岡崎の有力武将たちが広忠を擁するようになる。
・天文7年　1538　信秀、今川氏豊の那古野城を謀略により奪取。
信長、那古野城主となり、養育係に平手政秀らが就任。
・天文8年　1539　3・20信秀、熱田の加藤隼人（西加藤）に商売上の特権を安堵する書状を発給。

・天文9年　1540　信秀、安祥城を攻撃、矢作川以西にまで進出。長男信広を城代に。
・天文10年　1541　広忠、正室に緒川城主水野忠政の娘於大を娶る。
・天文11年　1542　8・10信秀、三河小豆坂で義元と戦う（第一次小豆坂の戦い）。小豆坂の七本鑓。
8月斎藤道三、守護土岐頼芸を大桑城で破り、尾張へ追放。
12・26徳川家康、誕生（当時、信長九歳、秀吉六歳）。
・天文12年　1543　1・2秀吉の義父木下弥右衛門没。法号・妙雲院殿栄本虚儀（霊）。
2月信秀、平手政秀を名代に、朝廷へ内裏修理料四千貫文を献上。
7・12緒川城主水野忠政没。跡を継いだ信元、信長側に寝返る。
・天文13年　1544　9・3信秀、道三の居城稲葉山へ攻め込む。
9月　松平広忠、妻の於大（水野忠政の娘）と離別、実家へ返す。
信秀、大垣城を奪取、西美濃に進出。
・天文14年　1545　広忠、安祥城の奪還に挑むものの、かなわず。
・天文15年　1546　信長、元服。織田三郎信長と名乗る（十三歳）。
・天文16年　1547　9・22信秀、美濃へ乱入、大敗。犬山城主信清ら討ち死に。
9・25道三の重臣長井秀元、緒川の水野信近に三河側へ付くよう書状を出す。
このころ、守護代（清須城主）織田達勝の信秀への不満、表面化。

道三、奥田城主飯尾定宗に反信長で立つよう働きかける。

10月松平広忠、人質として差し出す嫡男竹千代（家康）を道中で戸田康光に奪われ、信秀側へ送られる。

11・20清須勢、信秀が大垣へ出た隙を突き、古渡城下に放火して回る。

この年、信長「武者始め」として三河吉良に出陣。

・天文17年　1548

信秀、古渡城を棄却、新たに三河に備えて末森に築城。

3・19信秀、小豆坂で三河勢と前回を上回る激戦を展開（第二次小豆坂の戦い）。

7・2後奈良天皇、女房奉書で今川と織田の和睦を促す。

山口左馬助、仲介の労を仰せ付かる。

12・5義元、三河明眼寺の阿部与左衛門に、山口左馬助が仲介の努力中である旨の書状を出す。

この年、信秀、平手政秀を使者に立て、道三との和睦に動く。

2・24道三の娘濃姫と信長との婚約、内定。

・天文18年　1549

3・3信秀、末森城内で病没（享年42）。信長の後継と三年間の秘喪を遺言。

3・6岡崎城主広忠、死亡（暗殺説もあり）。義元、城代を送り込む。

3・8犬山の信清、信秀の死をいち早く知り、春日井の御台地を奪おうとするも失敗。

3・19義元、人質の交換をあきらめ、安祥城を攻撃するも落とせず。

山口左馬助、大高・沓掛両城主を誘い、義元側に寝返る。

11月義元、太源雪斎を送り出し、再度安祥城を攻撃。城代の信広を生け捕りにする。

11・8竹千代と信広の人質交換。竹千代、義元のもとへ出向く。

11月信長、熱田八カ村に制札を下す（署名・藤原信長）。

・天文19年　1550
4・12義元、緒川城の水野信近に、近く尾州境に砦を築く旨を伝える。

4・17赤塚の戦いと山口攻め。信長、二手に分け、山口一族を攻略。

8月『定光寺年代記』に「尾州錯乱。八月義元五万騎ニテ知多郡へ出陣。同雪月（注・十二月）帰陣」とある。

冬 後奈良天皇、今川方の臨済寺住職太源雪斎に対し、女房奉書で再度「駿河と尾張と和睦の事」を命じる。

12・23信長、笠寺別当職に信秀のした保証を認める旨の書状を出す。
・天文20年　1551
春 木下藤吉郎、永楽銭一貫文を手に遠州へ向かう。曳馬（浜松）の今川家臣、松下嘉兵衛に奉公。
万松寺で信秀の三回忌法要。過去帳には二十一年没と記載される。

・天文21年　1552
8・15清須信友の家臣坂井大膳ら、深田・松葉両城を奪い、信長に対抗。

9月『定光寺年代記』に「義元、八事まで出陣」とある。

9・5遊行上人、義元宛に「尾州に向って御発進、是又目出候」の書状を出す。

この年、信長と濃姫、正式に婚約。

・天文22年　1553

1・13平手政秀、志賀の屋敷で諫死。信長に五カ条の諫言を残す。信長、後に僧沢彦を開山に小木村に政秀寺を創建。

4月道三・信長、尾張の聖徳寺で対面。道三、信長の器量を見抜く。

・天文23年　1554

1・18道三、信長支援のため西美濃三人衆の一人、安藤伊賀守ら千人を那古野へ派遣。

1・24信長、駿河側が築いた村木砦を攻める。

このころ、守護義統と清須城主の守護代信友との対立が表面化、劣勢の義統は信長側になびく。

信長、両者の反目につけ込み、対立をさらにあおる。

7・12信友の重臣坂井大膳ら、岩竜丸（後の義銀）が川狩りに出た隙に、その父である守護の義統を殺害。

7・18信長、清須を攻める。柴田勝家、活躍。信友はじめ重臣ら多数が討ち死に。

この年、藤吉郎、松下嘉兵衛の城を辞し、尾張へ帰る。

・弘治元年　1555

4・19守山城主信光、清須へ入城。守護代にするとの大膳の要請を受け入れたもの。

これより先、信光・信長、清須を乗っ取った後、庄内川を境にして下四郡を二分する密約を結ぶ。

4・20信光、清須城内で大膳の兄、坂井大炊助を殺害、大膳は今川氏を頼って駿河へ逃げる。

11・22斎藤義龍、父道三寵愛の弟二人を殺害、親子で対立。

11・26信光、那古野城内で、一説には家臣の坂井孫八郎に殺される。

信長、このころから岩倉城、生駒屋敷を訪問するようになる。

岩倉の信安、美濃白銀に隠居。信賢、岩倉城主となる。

藤吉郎、宮後（江南市）の蜂須賀小六を訪ね、その手下となる。

・弘治2年　1556

3月道三、信長に濃姫を託す。信長のもとへ輿入れ。

4・19道三は美濃一国を信長に与える旨の遺言状をしたためる。

4・20道三、長良川で義龍と決戦、討ち死に。信長の救援、間に合わず。

8・24信長と信行、家督をめぐり、稲生ケ原で戦う（稲生の戦い）。

9・19義龍、明智氏の長山（明智）城を攻める。犬山信清、中島左兵衛を将に援軍を送る。吉乃の初夫土田弥平治、討ち死に。

この年、吉良の義安、清須の食客となる。

あちこちに、歴史の舞台

# 関連史跡地名一覧

使用地図・国土地理院20万分の1
「名古屋」「岐阜」「豊橋」

1・稲葉山、岐阜城
2・加納城
3・大垣城
4・墨俣城、墨俣の渡し
5・黒田の渡し
6・松倉城
7・摩免戸、前渡
8・犬山城
9・於久地（小口）城
10・小折、生駒屋敷
11・起宿、起の渡し
12・大浦
13・竹ヶ鼻
14・長良川
15・揖斐川
16・木曽川
17・一宮、真清田神社
18・浮野古戦場
19・岩倉城
20・小牧城、小牧山
21・篠木、柏井
22・品野
23・守山城
24・下津城
25・奥田城
26・津島、津島神社
27・勝幡城
28・蓮華寺、蜂須賀屋敷
39・清須城
30・於台（小田井）城
31・中村公園
32・那古野城、名古屋城
33・末森（末盛）城
34・岩作
35・八事
36・東別院、古渡城
37・桜中村城
38・荷之上
39・大高城
40・桶狭間古戦場
41・沓掛城
42・緒川城
43・村木砦
44・刈谷城
45・安祥（安城）城
46・岡崎城
47・小豆坂
48・正田原

岐阜市
瑞穂市
各務原市
大垣市
羽島市
一宮市
江南市
小牧市
岩倉
稲沢市
北名古屋市
海津市
あま市
愛西市
津島市
清須市
名古屋
弥富市
桑名市
東海市
知多市
四日市市
名古屋港
四日市港
伊勢湾灯標

# 主要参考文献（著者・書名・発行元）


・奥野高広・岩沢愿彦『信長公記』角川書店
・吉田蒼生雄著『全訳武功夜話』新人物往来社
・尾畑太三著『証義・桶狭間の戦い』ブックショップマイタウン
・滝喜義著『前野文書が語る戦国史の展開』ブックショップマイタウン
・滝喜義著『江南史料散歩』自費出版
・松浦武　由起著『武功夜話研究と二十一巻本翻刻』武功夜話研究会
・横山住雄著『美濃の土岐・斎藤氏　利永・妙椿と一族』濃尾歴史研究所
・横山住雄著『織田信秀の系譜　信秀の生涯を追って』濃尾歴史文化研究所
・大塚勲著『戦国大名今川氏四代』羽衣出版
・今川氏研究会編『駿河の今川氏』同会会報
・加藤國光編『尾張群書系図部集』続群書類従完成会
・新修名古屋市史編集委員会編『新修名古屋市史』名古屋市
・新編岡崎市史編さん委員会編『新編岡崎市史』岡崎市
・岩倉市史編集委員会編『岩倉市史』岩倉市
・清洲町史編さん委員会編『清洲町史』清洲町
・岐阜市史編『岐阜市史』岐阜市
・中川覚著『安城の中世　中川覚郷土史論稿』安城市教育委員会
・インターネット百科事典『ウィキペディア』ウィキメディア財団

# 尾張の戦国時代❶

## 『武功夜話』が解き明かす守護代織田氏の流れ



　守護斯波氏の守護代、織田氏が尾張へ入国して以来、信秀・信長に至るまでの系図は諸説あって定説がない。これは史料不足に加え、本家である岩倉・伊勢守と分家の清須・大和守とがそのまま一本の流れで来たわけではなかったからだ。この間に応仁の乱と美濃の応仁の乱と言われた船田合戦があり、尾張はこの大乱に巻き込まれて混乱に陥っていた。

　応仁の乱後、東軍に属した清須が岩倉を併合し（信長のそれは再統一）、岩倉は大和守系に塗り替えられた。その後に起きた船田合戦では逆に敗れた伊勢守が清須城主として返り咲き、清須は伊勢守系に代わった。賜捻転とも言えるこの過程は『武功夜話』が初めて明らかにしたもので、応仁の乱後の状況と船田合戦の解明なくして、岩倉・清須両織田氏の流れはつかめない。

同書は人物を線で繋ぐだけではなく、彼らの行動もあちこちに書き留めている。これを読みこなすことにより、これまで不明だった織田氏の流れが浮かび上がってくる。この点だけでも『武功夜話』は高く評価される。

×　×

この本は愛知県江南市の旧家に秘蔵されてきたが、先の伊勢湾台風で土蔵が壊れ偶然発見された。そこに書かれていた内容は見つかり方以上に衝撃的なものだった。真っ先に飛びついたのが有名な作家たちで、これをもとにして多くの名作が生まれた。

しかし、話題になればなるほど、それへの反論も出てきた。中には偽書とする説

第五章　船田合戦、尾張への波及

一、守護土岐家をめぐる代理戦争

持是院家、利国・丹波の主従が争う

寛広奮戦、清須の敏定が討ち死に

二、近隣巻き込み船田合戦、第二幕

岩倉城主敏信の陣没と石丸丹波の再挑戦

丹波父子自害、利国にも思わぬ落とし穴

第六章　復活する伊勢守、土着した守護斯波氏

一、斎藤妙純利国、尾張へ介入

岩倉伊勢守が清須城主として復活

『武功夜話』が明かした織田氏の流れ

二、守護斯波氏、越前失い尾張を本拠に

まで登場し、そのあら捜しに似たことも行われるようになった。あれだけ膨大なのものを創作できるとは思えないし、当の旧家には書くために使われたと思われる関連史料も数多く残されている。

いま必要なのはその読み込みと検証だ。長年、「門外不出」「他見無用」とされてきた『武功夜話』だったが、「これ以上、封じ込めてはおけない。いまは知らせる義務と責任がある」と公開を決断された。当店ではいま『影印 武功夜話』として復刻

義寛・義達父子、遠州奪還に挑む
遠州奪還へ！斯波義達、今川氏親と戦う

第七章　犬山信定の評価と岩倉信行の検討

一、**犬山城主信定、清須三奉行の一人**
この人に注目！子に信秀、孫に信長
勝幡に築城、津島を押さえる

二、**岩倉、織田伊勢守信安の謎解き**
信安は敏定の子ではあり得ない
空白を埋める人物、織田寛村に注目

巻末資料

●A5判・本体二〇〇〇円十税

出版中であり、原文をもとに研究の進むことを願っている。

言うまでもなく『信長公記』は第一級の戦国史料である。この『武功夜話』の多くは同じ時代を扱っており、分量はそれよりもはるかに多い。両書を読みくらべることにより、真相は一層明らかになってくるはずである。

こう言ってしまっては言い過ぎか。「いまや『武功夜話』なくして戦国史は語れない」。これまで知られていなかった多くのことを、われわれに教えてくれている。

●舟橋武志（ふなばし・たけし）

昭和十八年、現在の岩倉市生まれ。名古屋タイムズ記者、図書月販を経て、昭和四十六年に独立。以降、ミニコミ雑誌の創刊、編集の代行業務、郷土資料の出版、ミニ書店の開業と試行錯誤を繰り返しながらも、活字の世界に身を置く。一人出版社&古書店「ブックショップマイタウン」を営む。著書に『名古屋いまむかし』など多数（いずれも自主出版）。

**尾張の戦国時代②**

信秀から信長へ『信長公記』首巻のウソ・マコト

令和二年二月一日（二〇〇制作）

著　者　舟橋武志

発行者　舟橋武志

発行所　ブックショップマイタウン

〒453・0012名古屋市中村区井深町一・一

新幹線高架内「本陣街」二階

TEL〇五二・四五三・五〇二三

FAX〇五八六・七三・五五一四

URL http://www.mytown-nagoya.com/